신들의 섬을
걷는

문화인류학자

**일러두기**

1   인도네시아의 화폐 단위는 루피아입니다. 2025년 2월 기준 10만 루피아는 약 9,000원입니다.

2   이 책에 나오는 등장인물의 이름은 허락을 받고 실명을 사용하였습니다. 만약 따로 허락을 받지 않은 경우에는 가명을 사용하였으니 독서에 참고 바랍니다.

# 신들의 섬을
# 걷는

# 문화인류학자

*Bali, Indonesia*

'인간이란 무엇인가'에
답하는
발리에서의 여정

정정훈 지음

사람In
sarom
in.com

프롤로그 '문화'라는 마법의 단어를 품고
긴 여행을 시작하다

인류학, 문화인류학은 대중에게 여전히 낯선 분야다. 물론 과거에 비해 문화인류학을 전공한 연구자가 늘어났고, 대학과 사회에서 문화인류학 강연 역시 활발하게 열린다. 출판 시장에서도 '인류학적 뒷담화', '인류학자의 사고법', '법의인류학자의 삶' 등 인류학과 인류학자가 책의 제목과 열쇳말로 자주 제시된다.

하지만 여전히 많은 사람이 문화인류학이 어떤 학문인지, 인류학자가 하는 현지 조사가 어떤 것인지, 사회학, 정치학, 역사학 등 다른 학문과 어떤 차이점이 있는지 질문에 답을 하지 못한다. 나 역시 25년 전 문화인류학과에 입학하지 않았다면 인류학을 정확하게 이해하지 못했을 것이다.

문화인류학은 모든 사회의 인간이 만들어 내는 문화를 비교·연구하는 학문이다. 이를 위해 인류학자는 자신이 속한 사회 또는 전혀 새로운 사회의 문화를 연구한다. 그들은 현지 조사라는 방법으로 특정 지역을 이해하고 지식을 획득한다. 궁극적으로는 '인간이란 무엇인가'라는 문제에 대한 답을 찾는다.

나는 그 답을 찾기 위해 동남아시아의 인구 대국인 인도네시아를 현지 조사 지역으로 선택했다. 인도네시아인은 누구인가? 인도네시아의 문화는 어떤 특징이 있는가? 인도네시아인은 어떻게 살고 있는가? 이런 질문들이 연구의 출발선이었다. 연구를 위해 2억 7,800만 명의 인구가 수만 개의 섬에 살고 있는 인도네시아에서도 세계적인 관광지로 알려진 발리로 떠났다. 발리에 사는 사람을 연구했고 이들의 삶을 기록했다.

인도네시아의 영토는 적도를 중심으로 좌우로 넓게 펼쳐 있다. 말레이 제도의 남쪽 부분에 가로띠를 이루면서 분포한 소순다 열도의 시작점이 발리섬이다. 발리는 적도 남쪽 남위 8도에 위치해 있으며, 섬의 모양은 다이아몬드나 발이 튀어나온 병아리와 비슷하다. 섬 남쪽은 주로 해안 지역이며, 중부와 북부 지역은 해발 600미터에서 최고 3,000미터 이상의 산맥과 화산 봉우리가 있다. 적도에 위치하기에 연중 고온다습한 날씨가 계속되지만, 건기에 해당하는 4월부터 11월까지는 상대적으로 선선하다.

종교적 측면에서 발리는 인도네시아에서 독특한 영역에 있다. 잘 알려진 것같이 인도네시아는 전체 인구의 87%, 대략 2억 2,400만 명이 무슬림 신자다. 이에 반해 400만 명의 발리인은 발리 힌두교 신자다. 발리 힌두교는 인도의 힌두교에 기원을 두지만, 신에 대한 인식과 종교 의례에서 큰 차이를 보인다. 발리인은 신이 천상계에 존재하며, 주민의 의례에 따라 특정한 날에만 강림한다고 믿는다. 따라서 발리인은 현세의 행복과 내세에서의 환생을 위해 다양한 의례를 치른다.

발리의 어원 역시 '제물을 바치다'라는 의미인 산스크리트어 와리 wari에서 비롯했다. 발리인은 조상 숭배와 정령 숭배에 대한 믿음이 강하며 가정, 마을, 일터에 뿌라pura라 부르는 사원을 마련한다. 사원에서 의례를 치르며 발리인은 종교적 의식을 수행하는 동시에 자신의 사회적 위치와 관계망을 구축한다.

인류학도에게 현지 조사 지역을 선택하는 것은 매우 중요한 문제라 여러 고민이 동반된다. 인류학자는 항상 어떤 지역의, 무언가를 연구하는 사람이다. 특히 학위 논문을 작성할 때, 현지 조사 지역을 선택하는 것은 연구자로서 향후 어떤 삶을 살게 될지를 결정하는 일이기도 하다. 나는 대학 시절부터 관광과 문화정책에 관심이 있었다. 관광객과 주민, 즉 호스트와 게스트 간의 상호 영향과 이에 따른 변화의 역동성에 대해 연구하고 싶었다.

구체적으로 던진 질문은 다음과 같다. 관광 환경에서 지역 주민의 문화적 행위는 어떻게 표현되며, 관광객은 이를 어떻게 인식하는가? 주민 집단은 관광의 발전에 어떻게 대처하며 기존의 문화를 어떤 방식으로 적응시키는가? 대중관광의 대안적 측면에서 시작된 생태관광을 지속 가능한 관광으로 분류할 수 있을 것인가? 문화의 상품화가 기존의 문화적 가치와 전통을 어떻게 변화시키는가? 다양한 연구 주제가 도출되었다. 이러한 질문에 기초해 박사 학위 논문의 연구 주제를 '발리 전통 수리조합인 수박subak의 변화와 농촌 관광의 새로운 패러다임'으로 정했다. (수박은 발리의 계단식 논에 물을 공급하는 수로 시설이자 이를 관리하는 수리조합을 말한다. 이와 관련해서는 14장에서 자세히 다룬다.)

다행히 연구계획서가 한국동남아학회와 전북대에서 주관한 현지 조사 지원 프로그램을 통과했다. 현지 조사 비용이 일부 해결되었고, 이제는 발리에 가야 할 시간이 되었다. 그런데 이 시기 행운처럼 같은 학교에서 박사 학위를 준비 중인 발리 출신 친구가 생겼다. 발리에 위치한 국립대학인 우다야나 대학에서 교수로 있다가 박사 학위를 받기 위해 한국으로 유학 온 아리였다. 아리는 발리에 이미 아들이 셋이나 있었고 나보다 열 살이나 많았다. 누가 공대생 아니라고 할까 봐 덥수룩한 머리를 하고 항상 랩이라 부르는 연구실에서 살았다. 한국의 매서운 겨울 날씨에 몹시 힘들어했던 기억이 있다.

훗날 발리에서 나를 본 아리도 비슷한 생각을 했을 것이다. 발리에서 나는 오토바이를 타고 다녀서 머리는 항상 헝클어져 있었고 옷은 땀에 절어 있었다. 혹독한 더위에 적응하지 못하고 찬물을 벌컥벌컥 마시다가 배탈이 나기 일쑤였고, 적도의 태양에서 뿜어져 나오는 자외선으로 얼굴색은 점차 어두워지고 기미와 잡티가 솟아났다.

"발리 어디에서 연구를 하면 좋을까?" 아리에게 물었다. "연구 주제를 봐서는 우붓이 괜찮을 것 같은데, 일단 발리로 들어와서 우리 집에서 며칠 살아 보고 결정해." 아리는 늘 별것 아니라는 식으로, 모든 일이 잘될 것이라 대답했다. "그래도 미리 몇 곳은 알아봐야 하지 않을까? 괜히 걱정되어서." 한숨과 걱정을 담아 물어봤지만, 여전히 되돌아오는 대답은 "응, 잘될 거야. 첫째인 오데에게 미리 말할게."가

전부였다.

돌이켜 보면 내가 만났던 발리인 대부분 어떤 문제에 직면할 때 애써 그 문제를 심각하게 생각하지 않은 경향이 있었다. 연구 초반에는 이런 것 때문에 적지 않게 스트레스를 받았다. 준비와 계획을 요청하면 이를 바로 해결하지 않고 발효식품처럼 며칠간 그저 놔두는 것 같았다. 훗날 발리 생활에 점차 적응하면서, 왜 그들이 이렇게 행동했는지 조금은 이해할 수 있었다.

시간이 지나서 아리는 한국에서 박사 학위를 끝낸 뒤 모교인 우다야나 대학으로 돌아갔다. 나도 2012년 2월 현지 조사를 위해 발리로 떠났다. 반년간 예비조사를 진행하던 중 아내가 아이를 출산하게 되어 다시 한국으로 돌아왔다. 이듬해 아내와 아이와 함께 발리로 왔고, 이후 다시 혼자서 1년간 발리 현지 조사를 이어 갔다. 그렇게 2년 여의 시간이 흘렀고 한국에 돌아와 보니 어느 새 달력의 날짜는 2014년 9월이 되어 있었다.

'문화'라는 마법의 단어가 나를 긴 여행으로 이끌었다. 여행은 즐거움을 찾기 위해 다른 지역으로 떠나는 것이다. 여행은 많은 이를 설레게 한다. 물론 그러한 설렘에 따른 반대급부가 반드시 있다. 여행의 시간만큼 일상의 공간, 현실과는 멀어진다. 그 공간에서, 그 시간 속에서 다른 이들은 직업을 가지고, 일터로 나가 삶을 유지한다. 서른 초반의 나이, 결혼했고 일정한 소득이 없는 상황에서 시작한 여행이었다. 더욱이 여행 도중 아이가 생겨 여행의 동반자가 늘어났다. 지도를 활짝 펼쳐 다음 갈 곳을 정해야 하는 시점에, 나와 비슷하게 생긴 아이가 초롱초롱한 눈으로 아빠를 바라보다가 금방 울음을 터뜨렸다.

여행을 계속할 수 있을까? 한 달에 4만 원을 지불하고 빌린 작은 스쿠터는 마치 "함께 여행을 떠나자고 하더니 지금 뭐 하고 있냐."라며 시비를 거는 듯했다. 여행에 자신 없는 아빠, 상상했던 발리가 아닌 것에 당황한 아내 그리고 웃다가 울기를 반복하는 아이는 스쿠터에 몸을 맡겼다. 스쿠터를 타고 마을 주변을 어슬렁거렸다. 스쿠터의 작은 떨림이 좋은지 아이는 금방 잠들었다.

아마도 당시 발리에서 같은 시간대를 보냈던 여행객 수십만 명 중 우리 가족만큼 여행이 주는 즐거움을 만끽하지 못한 이들은 없었을 것이다. 어쨌든 여행은 시작되었고, 돌아간다고 '평범한' 여정이 펼쳐진다는 보장은 없었다. 이 여행을 다른 동반자와 함께 잘 마무리하는 것이 중요했다. 열대 기후가 주는 풍요로움과 따뜻함이 인간을 감싸고, 넓은 잎사귀가 바람에 쏠리는 소리와 청아한 빗소리가 들리는 발리에서 인류학도는 긴 여정을 시작했다.

CONTENTS

*1*

*Bali, Indonesia*

완벽한
마을을 찾아
나서다

인천에서 출발한 비행기가 경유지인 홍콩에 도착했다. 한 사람이 겨우 누울 만한 침대가 덩그러니 놓인, 1980년대 황금기였던 홍콩 영화에서 배경으로 사용했을 만한 숙소로 향했다. 홍콩의 화려한 밤거리를 뒤로한 채 숙소 침대에 몸을 뉘었고, 이른 새벽 이층버스를 타고 다시 홍콩 국제공항으로 갔다. 새벽녘 안개에 싸인 홍콩의 마천루를 지나서 5시간의 비행 끝에 발리 공항에 발을 디뎠다.

친구 아리와 그의 아들인 오데, 인드라가 공항으로 마중을 나왔다. 공항을 빠져나가자마자 본 발리는 자카르타의 풍경과 비슷하면서 조금 달랐다. 자카르타 거리 곳곳이 모스크 사원과 높은 빌딩으로 이슬람 색채가 강하면서 산업화된 도시의 풍경이었다면, 발리는 전형적인 남쪽의 따뜻한 휴양지 느낌이 물씬 풍겼다.

사람들은 꽃무늬가 박힌 하와이안 셔츠나 전통 의상인 바띡 셔츠를 입고 거리를 활보했다. 공항을 벗어나자 곧이어 차량 정체를 만났다.

발리 거리

발리 생활이 시작되었다는 묘한 흥분과 이곳을 연구해야 한다는 의무감 때문인지 꽉 막힌 도로가 마냥 싫지만은 않았다. 맥도날드, 버거킹, 스타벅스, 환전소, 휴대폰 판매점이 길거리 상점가를 지배하고 있었다. 정체된 차량 옆에는 어김없이 오토바이가 있었다. 함께 신호를 기다리고, 때로는 그 좁은 틈을 놀랄 만한 운전 솜씨로 곡예처럼 지나갔다. 차량이 잠깐 정차한 순간이면 돌 전후의 아이를 아기띠에 안은 여성이 창문을 두드리더니 손을 내밀었다. 아리는 이러한 모습이 익숙한지 "그쪽 쳐다보지 말고 그냥 못 본 체해."라고 심드렁하게 말했다. 차가 꼬리에 꼬리를 물고 휴양지 한복판을 지나가는 동안 구걸하는 여성과 초등학생 정도로 보이는 아이를 10여 명 볼 수 있었다.

정체의 원인은 중간중간 멈춰 있는 차량이었다. 차선은 분명 편도 2차선이지만 왼편에는 호텔에 도착해 짐을 내리고 있는 택시가 있었고, 그 앞과 뒤를 차 두 대와 좁은 틈을 비집고 들어오는 오토바이 서너 대가 포위하면서 교통이 정체되었다. 두 가지 흥미로운 사실을 발견할 수 있었다. 발리 사람은 정차한 차에 불만을 내뱉지 않고 그냥 일상처럼 생각하는 것 같았다. 오토바이에는 때로 3인 또는 4인 가족이 함께 타고 있었다. 아빠가 운전하고, 큰아이는 아빠와 핸들 사이 공간에 서 있고, 엄마와 아빠 사이에 둘째 아이가 있었다. 그들에게는 혼다에서 나온 125cc 바리오 오토바이가 최고의 이동 수단인 것이다. 이후 1년이 조금 지나서 우리 가족 셋도 발리의 작은 마을에서 비슷한 모습을 연출했다. 나는 자신만만하게 오토바이 핸들을 잡았고, 아내는 걱정스러운 눈빛을 보내며 6개월 된 아이를 안고 오토바이 뒷자리에 올라탔다. 그렇게 우리 가족은 논두렁길을 지나 좁은 골목을 통과해 큰 길로 나간 다음 정체된 차량 사이사이를 지나가게 되었다.

해변 인근 관광지를 지나자 이윽고 차량 정체가 끝났고, 시원하게 뚫린 왕복 6차로가 나왔다. 차량 옆에서는 여전히 오토바이가 함께 질주했고, 도로 인근에는 음식과 음료를 판매하는 노점상인 와룽warung이 곳곳에 있었다. 잘 정비된 도로와 달리 도로 인근은 상대적으로 어

수선해 보였다. 마치 올림픽이나 월드컵 같은 국가 행사가 있을 때 급하게 도로와 경기장, 주요 시설만 건설한 분위기였다. 밤새 비가 내렸는지 하천의 물결이 거셌고, 중간중간 물이 제대로 빠지지 않아서 인근 나대지가 흙탕물로 가득 차 있었다. 하천 정비가 잘되어 있지 않아 보였고 생활 쓰레기도 곳곳에 버려져 있었다. 아마도 오물이 배수구를 막아서 범람하는 것 같았다.

공항에서 출발한 지 1시간쯤 지나고 발리의 주도인 덴파사르Den-pasar에 도착했다. "배고프지? 오늘 저녁에 르논Renon 지역에 있는 식당에서 밥 먹고 집으로 가자. 이 동네에 코스kos가 많으니 동네 분위도 볼 겸. 아마 나중에 이 동네에서 집을 구하기 쉬울 거야." 아리가 말했다. "응, 알았어. 오데랑 인드라가 좋아하는 식당으로 가자." 여기서 코스 또는 코스 코산kos kosan은 '집에서 생활하고 음식을 먹는다'라는 네덜란드어 인데코스트in-de-kost에서 유래했다. 발리에서 코스는 대학 캠퍼스 근처에서 대학생과 사회초년생에게 저렴한 가격으로 빌려주는 방이다. 학생이 이용하는 비율이 높아서 하숙집으로 해석하는 경우가 많다. 최근에는 밥을 제공하지 않고 화장실과 샤워 시설은 방 안에, 주방 시설은 공용으로 사용하는 원룸형 형태가 많다.

대학생 오데와 초등학생 인드라는 고기를 먹자 했고, 아리는 프랜차이즈 레스토랑 느낌에 분위기가 활기찬 식당으로 안내했다. 그는 나에게 맥주를 한잔할 건지 묻고 메뉴판에서 다양한 음식을 골라 주문했다. 얼마 지나지 않아 큰 그릇에 밥이 한가득 담겨 나왔고, 닭고

나시고렝

기와 소고기로 만든 튀김 요리 역시 테이블에 자리했다. 야채 종류는 기름에 볶은 후 인도네시아식 양념인 삼발과 함께 나왔다. 주문한 음식과 음료만 10개가 넘었고 넓은 테이블이 금방 가득 찼다. 인도네시아에서 생산된 빈땅bintang 맥주 한 병을 아리와 나누어 마시면서 앞으로의 계획을 이야기했다.

"일단 덴파사르에 살면서 우다야나 대학 어학당에서 인도네시아어 수업을 더 받고 싶어. 그동안 친구도 사귀고 우붓 지역을 중심으로 현지 조사를 할 마을을 찾아보려고." 내가 말했다. "어학당 등록은 오데가 도움을 줄 수 있고, 우다야나 대학 영어학과 강사로 있는 내 친구를 소개시켜 줄게. 그 친구에게 인도네시아어도 더 배우고 같이 조사 지역도 찾아보면 되겠네." 아리가 말했다. 밥을 다 먹자 시간은 저녁 8시에 가까워졌다. 오데가 운전해 아리의 집으로 향했다. 덴파사르 시내 도로를 10여 분 달려 좁은 골목길에 들어서자 포장되지 않은 도로가 나왔고 이 길을 따라 5분 정도 이동하니 아리네 집에 도착했다.

아리의 부모님, 아내, 둘째 아들인 이따가 기다리고 있었다. 집안일을 돕는 아주머니 한 분도 계셨다. 아리의 집은 이층집이었다. 1층은 부모님의 방과 주방이 있었고, 2층은 아리 부부가 거주하는 공간이었다. 아리는 2층 한편에 있는 서재를 내주었다. 그렇게 발리에 도착한 첫째 날이 끝나 가고 있었다. 내일은 누구를 만날지 어떻게 일이 진행될지 여러 생각이 들었다.

항공비를 아끼기 위해 홍콩을 경유한 1박 2일의 여정이 피곤했는지 아침 8시가 다 되어서야 일어났다. 아리는 이른 시간부터 뭔가 부스럭거리면서 준비했고, 내가 일어나자 씻은 후 1층 주방에서 식사하라고 권했다. 나 때문에 가족들이 식사를 못 하고 있나 싶어 바로 1층으로 내려갔지만 주방에는 아무도 없었다. 식탁 위 벌레를 막는 큰 망 안에 반찬이 너덧 개 있었다. 대나무와 코코넛 잎으로 잘 이어서 만든 커다란 그릇에 흰쌀밥이 놓여 있었다. 아리가 다른 가족들은 벌써 등교하고 출근했다고 했다. 자신은 오후에 강의가 있으니 아침을 먹은 후 어젯밤에 갔던 르논 지역에 같이 가서 집을 찾아보자고 했다.

시간이 지나고 안 사실이지만, 발리인은 가족이 다 함께 모여 식사하는 것에 큰 의미를 두지 않는다. 식탁 위에 밥과 몇 가지 반찬, 과일 등을 준비해 두면 알아서 먹고 간다. 또 하나 한국과 다른 점이 있다. 대부분의 학교는 1교시가 아침 7시에 시작하며, 12시 이전이면 일과가 끝난다.

식사를 한 뒤 아리와 함께 길을 나섰다. 아침부터 제법 더운 날씨였지만 습도가 높지 않아서인지 괜찮았다. 설레는 동시에 상쾌한 기분마저 들었다. 도심 한복판이었지만 열대 지역의 도시답게 곳곳에 커다란 나무 그늘이 조성되어 있었다. 미리 알아 둔 집 두 군데를 보았고, 길 가다가 만난 동네 주민이 소개한 또 다른 집을 더 살펴보았다. 생각했던 월세 수준에 맞고 우다야나 대학과 그리 멀지 않은 곳에 있는 코스에 들어가기로 결정했다. 다음 날 이사였다. 일단 아리는 나를 집으로 데려다주고 자신은 학교로 갔다. 집에 도착하니 오데가 벌써 와 있었고 발리 생활에서 오토바이 운전은 필수라며 나를 끌고 나갔다.

그렇게 난생처음 오토바이 타는 법을 배웠다. 오데가 자전거를 탈수 있으면 오토바이는 금방 배울 수 있다면서 응원해 줬다. 집 앞 공터에서 간단한 조작법을 배웠다. 자전거를 처음 배우는 어린아이가 된 기분이었지만, 조작법이 생각보다 쉬워 금방 익힐 수 있었다. 공터에서 몇 바퀴 연습 주행을 한 다음 집으로 돌아왔다.

다음 날, 바쁜 아리 대신 오데와 함께 새롭게 구한 코스로 이사했다. 에어컨과 냉장고가 딸려 있는 방은 샤워 시설과 화장실을 갖춘 원룸식 구조였다. 공용 주방이 방 근처에 있어 음식을 해 먹을 수도 있었지만, 그곳에 몇 달을 사는 동안 요리를 시도하지는 않았다.

이제는 정말로 혼자서 여행을 해야 하는 순간이 다가왔다. 발리, 덴파사르, 르논, 우다야나 대학까지 새로운 공간에 적응해야 했고, 오랜 대학원 생활로 낮과 밤이 바뀐 생체시계를 되돌릴 필요도 있었다. 발리인의 일상을 경험하기 위해 좀 더 일찍 일어나야 했다. 무엇보다 당시 가장 중요한 것은 오토바이 운전이었다. 언어 수업을 들으러 학교에 가고, 조사 지역을 물색하기 위해서도 오토바이 운전은 필수였다.

매번 택시나 일종의 오토바이 택시인 오젝ojek 을 타는 것은 금전적으로 불가능했다. 열대의 날씨와 보행자를 배려하지 않는 도로 사정 때문에 걸어서 이동하는 것 역시 쉽지 않았다. 어쨌든 오토바이를 빌리고 스스로 운전해야만 했다. 오토바이 대여는 관광객이 많은 사누르에서 가능했다. 한 달에 5만 원 정도였고, 사누르 해안가 옆 공터에서 조금 몰아 보다가 집으로 어렵지 않게 가져왔다. 근처 슈퍼와 식당을 갈 때도 항상 오토바이를 타고 이동하니 운전 실력이 금방 늘었다. 다만 왼쪽 차선 주행에 적응하는 데 시간이 들었다. 오토바이를 탈 때 "왼쪽, 왼쪽, 왼쪽."이라고 중얼거리면서 다녔더니 역주행을 하는 불상사는 일어나지 않았다.

우다야나 대학에서 진행하는 외국인을 위한 인도네시아어 강좌, 비파BIPA 개강이 3주 정도 남아 있어 그 전에 아리가 소개해 준 영문학과의 에디완 강사를 찾아갔다. 에디완에게 인도네시아어를 매일 1시간씩 배웠다. 친절하게도 에디완이 자신의 영문학과 동기가 우붓에 살고 있다며 소개해 주기로 했다. 매일 오전 10시 인도네시아어를 배웠고, 그 외 시간은 도서관에서 자료를 찾거나 덴파사르 곳곳을 누볐다. 발리섬이 관광객에게 지상의 낙원이라는 이미지가 있지만, 대략 100만 명의 인구가 거주하는 덴파사르는 전혀 다른 분위기다. 인도네시아의 다른 도시와 비교해 모스크의 숫자만 적을 뿐 차량 정체, 뿌연 매연, 하천에 버려진 쓰레기 등은 여전했다. 그럼에도 발리섬의 주도이자 행정과 경제의 중심지이기에 역사, 문화와 관련된 볼거리가 다양하게 있어 방문할 가치가 있다.

물론 당시 가장 중요한 일은 현지 조사를 할 마을을 찾는 것이었다. 발리에 오기 전 생각했던 연구 주제는 다음과 같다. 발리에서 관광 산업이 발달하면서 전통 마을, 특히 수리조합인 수박에 끼친 변화에 주목하는 것이었다. 또한 이러한 문화적 변화 양상을 검토한 뒤 발리 관광의 특징과 성격을 규명하는 데 목적이 있었다. 연구 내용이 아직 정교하게 다듬어지지 않았지만 조사지를 선택하는 데 있어 개인적 바람은 있었다. 무엇보다 현지 조사가 주는 낭만을 충분히 만끽하고 싶은 열망이 컸다. 학부 시절 읽었던 인류학 고전 속의 학자처럼 작은 규모의 공동체를 오랜 기간 연구하고 싶었다.

물론 현대화와 도시화가 진행되어 과거처럼 사회 구조가 복잡하지 않고 상대적으로 외부의 영향을 받지 않은 지역을 찾기는 불가능에 가까울 것이었다. 웨일즈의 농촌을 연구했던 로널드 프랑켄버그 Ronald Frankenburg는 축구 클럽의 총무가 될 만큼 공동체에 스며들어 일원이 되었지만, 또한 연구자로서 관찰자이자 이방인인 역할에도 충실했다. 덕분에 그는 농촌 공동체 내에서 벌어지는 다양한 사회 현상에 불필요하게 개입하거나 이를 왜곡하지 않고 풍부한 질적 자료를 획득할 수 있었다. 나는 연구지를 찾는 데 있어 다음과 같이 기준을 정했다. 마을 인구는 대략 500여 명, 마을에 일정한 수 이상의 관광객이 방문하거나 거주하는 지역, 마을 주민이 생업 수단으로 관광업과 농업을 병행하는 곳이어야 했다.

이런 기준을 아리와 에디완에게 공유했고, 이들은 얼마 지나지 않아 적당한 마을이 있다고 알려 주었다. "우붓 인근에 프살라깐 Pesalakan 마을이 있는데 내일 거기 한번 가 보자. 마을 이장인 브데사 bendesa와 이야기가 되었어." 아리가 말했다. 다음 날 아리의 차량을 타고 프살라깐 마을로 이동했다. 마을 인근에 도착하니 브데사가 나와 있었고, 브데사는 그곳에서 조금 떨어진 수로로 우리를 안내했다. "이 물길을 쭉 따라 가면 1,000제곱미터의 논이 나오고 그곳을 중심으로 마을 주민들의 논이 위치해요." 브데사가 말했다. 대략 1시간 동안 수로와 논길을 걸으면서 마을 현황이 어떤지, 수로가 얼마나 튼튼히 잘 만들어졌는지 들을 수 있었다. 마을 소개가 거의 끝날 때쯤 아리가 내 옆구리를 꾹꾹 찌르면서, "브데사에게 10만 루피아 정도 줘야 해."라고 언질했다. 나는 10만 루피아 한 장을 꺼내 껌 종이 크기로 작게 접은 다음 다른 사람들이 눈치채지 못하게 악수하면서 건넸다. "다음에 기회가 되면 다시 연락할게요." 내가 말했다. 그날 아리가 추가로 알아 둔 툼박 바유Tumbak Bayuh 마을을 방문한 후 덴파사르로 돌아왔다.

그날 마을 두 군데를 가 보았지만 조사지로 선택하는 데 부족한 점이 있었다. 두 마을 모두 전통적인 의례가 굉장히 활발하게 운영되고, 수리조합도 조직적으로 잘 운영되었다. 하지만 두 마을 모두 관광객이 거의 방문하지 않았고 무엇보다 주민 대다수의 생업 수단이 관광과는 멀어 보였다. 다음에 기회가 되면 다시 연락하겠다고 한 말이 무의미해져 버렸다.

2

*Bali, Indonesia* ────

신들의
섬에서
사람들이 사는
도시

B  A  L  I

신은 정말로 있을까? 그분은 어디에 계실까? 발리에는 힌두 사원이
2만여 개 있고, 특정 시기 신들이 인간의 요청에 부응해 이곳에 강림
한다. 발리 사람에게 신은 절대적이며 전부다. 발리인은 신을 기쁘게
하기 위해, 신이 노여움을 표하지 않게 하기 위해서 살아간다고 해도
과언이 아니다. '신들의 섬'이라는 별칭처럼 발리섬은 인간에 의해
또 다른 신의 세계가 지상에 구현된 공간이다. 지상에 펼쳐진 신들의
공간은 근대 시기 서구인의 눈에 들어왔고, 온화한 날씨, 풍요로운 자
연환경, 다양한 의례 행위가 합쳐져 지상 낙원이라는 이미지가 굳어
졌다. 지상 낙원이자 신들의 섬이라는 이미지는 20세기를 넘어 현재
까지 발리를 세계 최고의 관광지 대열에 올려 놓았다.

하지만 발리 인구의 4분의 1이 살 만큼 가장 큰 도시인 덴파사르는
관광객이 생각하는 발리의 이미지와 거리가 멀다. 발리의 주요 관광
요소인 해안과 풍부한 열대 우림이 없다. 또한 관광 인프라가 오래되

신이 아닌 사람이 사는 도시 덴파사르

어서 여행객의 흥미를 끄는 데도 한계가 있다. 어쩌면 발리 주정부는 덴파사르를 관광객이 아닌 주민을 위한 공간으로 남겨 두는 것은 아닐까 싶다. 덴파사르에서 발리인들은 행정 관련 일을 처리하고, 물건을 팔고 소비하며, 교육을 받는다.

관광이 목적이 아닌 사람 입장에서 덴파사르는 조사를 시작하기에 적절한 장소였다. 무엇보다 나는 경제적으로 풍족하지 않았던 형편이라, 물가가 비싼 관광지를 벗어나 언어 공부를 할 수 있어서 만족스러웠다. 실제로 몇 달 뒤 우붓에서 현지 조사를 할 때는 비싼 관광지 물가 때문에 빈곤함이 더욱 두드러졌다. 아무튼 덴파사르에서 적당한 집을 구하고 매일 출근하는 직장인처럼 우다야나 대학에 가서 인도네시아어를 배웠다. 발리 친구를 제법 만났고 이들과 함께 인도네시아 음식을 먹으러 가는 것이 새로운 즐거움이었다.

함께 인도네시아어를 배우는 한국인을 만나는 것도 또 다른 즐거움이었다. 비파는 1년에 두 차례 운영되는데, 매년 9월에서 12월, 2월에서 6월까지 진행되었다. 한국, 호주, 일본, 중국, 유럽 등 다양한 국가에서 온 학생이 레벨별로 나뉘어 수업을 들었다. 레벨은 총 3단계가 있었고 입학 초기 테스트를 해 레벨을 구분했다. 다음 단계로 올라가기 위해서는 시험을 통과해야 했다. 나는 처음 2단계에서 시작했는데 3단계로 올라가기 전에 현지 조사를 시작해서 미처 시험을 보지 못하고 짧은 어학원 생활을 끝냈다. 한국 학생들은 학업 성취 욕구가 강한지 1단계에서 시작하더라도 거의 3개월 단위로 2단계, 3단계까지 달성했다. 하지만 일본과 유럽에서 온 학생들은 단계 상향에는 크게 관심이 없는지, 1단계나 2단계에서 머물렀다.

학생 대부분은 인도네시아어를 능숙하게 말하는 데 어려움을 겪었기에 같은 국가, 같은 언어를 사용하는 학생끼리 친하게 지내는 경향이 있었다. 국적이 다른 친구와 대화할 때도 초반에는 인도네시아어를 쓰다가 어느새 서로 불편했는지 영어로 대화하는 일이 많았다. 오전에 3시간 정도 수업이 진행되었고, 점심 이후에는 발리 전통과 관련된 프로그램이 마련되어 있었다. 문화 프로그램에서는 나무 조각품이나 전통 직물인 바띡을 만들었고, 인도네시아 전통 오케스트라인 가믈란을 배워 보는 프로그램도 있었다.

비파 프로그램을 다니면서 한국인 친구 2명을 만날 수 있었다. 김성민은 아내가 한국에서 인도네시아인을 대상으로 여행 가이드를 한다고 했다. 발리에서 인도네시아어를 배운 후 한국으로 돌아가 부부가 함께 가이드를 하는 것이 목표라고 했다. 인도네시아인 전문 여행 가이드라는 직업이 있다는 것에 놀랐고, 무엇보다 직장인 월급을 훨씬 뛰어넘는 수입이 신기했다. 나중에 박사 학위를 받고도 직장이 없으면 이쪽 일을 해 볼까 진지하게 고민할 정도였다. 정지현은 서핑을 좋아하는 친구였다. 오전에는 인도네시아어를 배우고 오후에는 서핑을 하기 위해 씩씩하게 오토바이를 몰고 꾸따 해변으로 갔다. 서핑에 엄청난 열정이 있었지만 여전히 초보 단계를 벗어나지 못해 자책했다.

당시 나는 시간을 최대한 규칙적으로 보내고 일상을 알차게 꾸리려

우다야나 대학

고 애썼다. 오전에 인도네시아어 수업을 받았고 오후에는 학교에 있거나 덴파사르 구석구석을 돌아다녔다. 전통 시장, 박물관, 공원이 주요 행선지였다. 오토바이를 타고 덴파사르에서 50여 분을 달려서 우붓 인근 마을을 가 보기도 했다. 여전히 현지 조사지를 정하지 못했기에 우붓의 분위기를 파악하고 나아가 조사할 마을을 찾아보는 시간을 가졌다.

덴파사르라는 이름이 낯선 만큼 여전히 이 도시는 여행객에게 잘 알려지지는 않았다. 각국의 공항에서 발리로 향하는 항공편을 찾다 보면 자신의 목적지가 덴파사르인 것을 확인할 수 있다. 입국 시, 귀국 시 발권되는 티켓에 약자로 'DPA'로 표기되어 있다. 실제로 100년

전만 해도 발리 관광의 중심지는 덴파사르였다. 발리섬 북부의 싱아라자Singaraja 항구에 도착했던 서구 관광객은 네덜란드 식민 당국이 건설했던 도로를 따라 최종 목적지인 덴파사르로 향했다.

19세기 말에는 상황이 조금 달랐다. 이 시기 네덜란드는 인도네시아 전 지역을 식민지화했다. 다만 발리섬은 여전히 8개 소왕국의 지배 하에 있었고 네덜란드의 식민지화를 반대하고 끝까지 저항했다. 네덜란드인이 발리섬을 여행하기 위해서는 네덜란드어와 발리어로 작성된 통행증을 발급하면 되었지만, 실제로 소왕국의 왕이었던 라자raja의 허가를 받기까지 수개월이 걸렸다. 운 좋게 허가를 받는다고 해도 싱아라자에 도착한 여행객은 말과 하인을 대동한 채 스스로 먹을 것과 잘 곳을 구해야 했다.

발리에 외국인이 관광이나 거주를 위해서 자유롭게 출입하게 된 시기는 1910년 이후다. 네덜란드 식민 당국은 1846년 싱아라자 항구가 있던 불레렝Buleleng 왕국을 시작으로 1906년부터 바둥Badung, 따바난Tabanan, 끌룽꿍Klungkung 왕국을 마지막으로 발리를 완전히 식민지화했다. 네덜란드 관리들은 주로 불레렝과 덴파사르에 거주했다. 근대화된 발리의 모습을 보여 주고 한편으로는 식민지를 효율적으로 관리하기 위해 도로, 댐, 다리 등 제반시설을 건설했다. 물론 이러한 시설 건설에 발리 주민들은 아무런 보상 없이 무차별적으로 동원되었다.

발리섬은 20세기 초 '소순다 열도의 보석'으로 관광객에게 소개되었다. 발리 지역의 첫 여행객은 네덜란드 국회의원인 앙리 위베르 반 콜Henri Hubert Van Kol이었다. 그는 수마트라와 자바에 이어 1902년 7월 4일 발리에 도착했다. 발리 관광이 대중화된 것은 1920년대 이후였다. 관광객은 네덜란드의 로얄 패킷 회사가 운행했던 정규 증기선을 타고 싱아라자 항구에 입항한 후 문둑Munduk, 낀따마니Kintamani, 기안야르Gianyar, 우붓으로 이어진 도로를 따라 덴파사르에 도착할 수 있었다.

그들은 발리에 처음으로 건설된 국제 호텔인 발리 호텔Bali Hotel에 머물렀다. 발리 호텔은 현재는 이나 발리 헤리티지 호텔이 된 곳이다. 엘리자베스 여왕, 마하트마 간디, 찰리 채플린, 자와하랄 네루 등 국제적 유명 인사들이 이 호텔에 관광객으로 머물렀다. 이들은 호텔에 머무는 동안 리이스타펠rijstafel을 즐겼다. 리이스타펠은 네덜란드어로 'rice table'이라는 의미로, 쌀밥과 함께 40여 가지 반찬이 나오는 인도네시아식 만찬이다. 리이스타펠은 전형적인 인도네시아 요리로 소개되지만, 실제로 그 시작은 식민지 시기였고 이를 먹었던 이들도 서구인이었다. 인도네시아에서 생산되는 이국적인 재료로 다양한 요리를 만들어 서구인에게 제공함으로써, 식민지 지배가 가져온 풍요로움을 상징적으로 보여 주는 수단으로 삼은 것이다. 현재도 발리에서 주요 관광상품으로 리이스타펠을 판매한다.

외국인 관광객에게 잘 알려지지 않지만, 내국인 관광객에게는 유명한 덴파사르의 주요 명소로 '바둥 뿌뿌딴' 관련 장소가 있다. 뿌뿌딴은 수적으로 우세한 적에 대항하여 죽음을 두려워하지 않은 필사적인 공격을 의미한다. 또한 굴욕적인 항복을 하는 대신 자살을 통해 명예로운 죽음을 선택한 행진이다. 20세기 초반 네덜란드군은 발리섬 식민지화를 위해 사누르 해안에 정박한 후 바둥 왕국의 중심이었던 덴파사르로 향했다. 이미 소규모 전투에서 연이은 패배를 경험한 왕은 네덜란드군에게 포로로 잡히는 것보다 무저항 대량 자결 행진을 선택했다. 1906년 9월 20일, 행진의 선두에서 왕이 가마에서 내렸고, 힌두교 사제는 왕의 뜻에 따라 단도인 크리스keris를 왕의 가슴에 꽂았다. 왕을 따르던 귀족과 주민 역시 비슷한 선택을 했다. 아이를 안은 여성은 보석과 금화를 네덜란드 군대에 던짐으로써 그들을 조롱했다. 당황한 네덜란드 군인들은 소총과 포탄을 난사했고 주민 수백 명이 현장에서 죽임을 당했다. 발리의 소왕국이 마지막 항전을 벌인 1906년부터 1908년까지 발리인 1,000여 명이 명예로운 죽음을 선택했고 식민 세력의 폭압적인 행태에 저항했다.

덴파사르 중심 도로인 우다야나Jl. Udayana와 수라파띠Jl. Surapati 도로가 만나는 지점에는 뿌뿌딴 관련 상징물과 함께 다양한 문화시설이 있다. 인도네시아의 독립 기념일인 8월 17일에는 뿌뿌딴 공원Taman Puputan Badung에서 독립 관련 행사를 개최하며 식민주의에 대한 저항을 상징하는 장소임을 드러낸다. 또한 보잘것없는 무기를 들었지만 영웅적인 자세를 취한 3명의 발리인 가족을 묘사한 기념 조형물이 있다.

바둥 뿌뿌딴 상징 조형물

뿌뿌딴 공원 동쪽에는 발리인의 종교적 정체성을 상징하는 아궁 자갓나따 사원Pura Agung Jagat-natha이 있다. 힌두교의 최고신인 상향 위디Sang-hyang Widi를 모신 사원으로 덴파사르에서 가장 큰 사원이기도 하다. 자갓나따 사원은 화려한 부조 조각을 더한 채 덴파사르 도심 중앙에 우뚝 서 있다.

사원 남쪽에는 발리의 역사와 문화를 알 수 있는 발리 주립 박물관이 위치한다. 근대 이전 발리에 있었던 8개 소왕국의 다양한 건축 양식을 띤 건물이 그 자체로 전시실로 활용된다. 외국인 관람객은 이곳에서 발리의 역사를 배울 수 있지만, 지역 학생들이 단체 관람을 하러 많이 오기 때문에 학생들의 빗발치는 사진 모델 요청에 응해야 할 수도 있다.

덴파사르가 세계에 알려진 것이 서구인이 이곳에 오기 위해 도로를 놓고 호텔을 건설했기 때문으로 오해할 수 있겠다. 덴파사르라는 이름의 어원은 북쪽을 의미하는 'den'과 시장을 의미하는 'pasar'의 합성이다. 도시의 북쪽에 위치한 현재의 꿈바사리 예술 시장Art Market Kumbasari에는 과거에는 페리욱 시장Pasar Periuk 또는 페껜 파육Peken Payuk 종합시장이 있었고, 이곳이 도시의 중심 지역이었기 때문이다. 비키 바움Vicki Baum의 소설 『발리에서 사랑과 죽음』은 1906년 발리의 마지막 왕국이 네덜란드에 함락될 때 발리에서 벌어진 학살 사건에 휘말린 한 가족에 관한 이야기다. 소설에는 당시 덴파사르를 다음과 같이 묘사했다. "우리가 덴파사르로 부르기도 하는 바둥 도심을 지나갈 때, 중국인, 인도인, 일본인, 아랍인 상인으로 이루어진 재미있고 작은 부스 형태의 상점을 볼 수 있었다."

다양한 국적을 가진 사람이 시장을 중심으로 모여 삶을 일구었고, 발리의 중심에 위치한 덴파사르가 그러한 역할을 담당했다. 현재도 발리에서 가장 큰 시장인 바둥 시장Pasar Badung과 인근에는 산둥 출신의 화인과 예멘 출신의 아랍인이 식당, 금은방, 원단 가게, 약국 등을 대를 이어서 운영한다. 상인들은 루꼬ruko라 부르는 상가주택에 거주한다. 인도네시아어로 집과 상가를 의미하는 루마 또꼬rumah toko를 줄여서 루꼬라고 부른다. 1층은 상점이고 2층과 3층은 집이다. 또한 인근에는 네덜란드 식민지 정부에 의해 지어진 관공서, 호텔이 있고 발리 전통 양식인 주택이 혼재해 있다. 덴파사르는 다양한 국적을 가진 사람들이 자신의 정체성을 드러내는 건축물을 짓고 함께 살아가는 공간이다.

어학원이 끝난 후 일상 중 하나가 덴파사르의 구도심에서 시간을

루꼬가 늘어선 거리

보내는 것이었다. 관광객이 거의 없다는 측면에서 연구 주제와는 크게 상관없었지만, 언어 실력을 쌓고 도시에 거주하는 발리인의 삶을 관찰하고 이해하는 데는 도움이 되었다. 발리 박물관의 전시품과 해설을 보며 지역별로 주택, 의복, 의례 도구의 일정한 차이를 발견하는 재미도 쏠쏠했다.

열대 지역에서의 오토바이는 한여름의 선풍기와 비슷하다. 차들 사이를 요리조리 빠져나가며 제법 먼 거리를 질주한다. 가는 도중 헬멧 안으로 들어오는 시원한 바람은 열대의 태양이 주는 강렬함과 짜증을 단번에 날린다. 하지만 이윽고 오토바이를 주차하면 자동차 매연과 뜨거운 날씨가 온몸을 휘감는다. 어학 수업이 끝난 후 학교 인근의 와룽에서 판매하는 1만 5,000루피아짜리 나시고렝을 먹고 바둥 시장으로 출발하는 게 루틴이었다.

10여 분을 달린 후 오토바이를 바둥 시장에 주차하면 어디서 나타났는지 주차 아저씨가 한 손에 돈뭉치와 주차권을 들고 다가왔다. "주차비는 2,000루피아입니다." 주차 아저씨는 돈을 받기도 전에 아무런 효력도 공신력도 없어 보이는 조그마한 종이를 내밀었다. 주차장에서 북쪽으로 5분 정도 걸으면 간판에 '진짜 발리 커피', '발리에서 가장 오래된 커피숍'라는 문구가 적힌 꼬피 발리Kopi Bali 본점이 나온다. 네덜란드 식민지 시기인 1935년에 개업한 역사를 반영한 듯 카페는 비좁고 시설 또한 낡고 허름했다. 하지만 발리에서 최초로 커피를 팔았다는 역사성 때문인지 괜히 커피 맛이 독특하게 느껴졌다.

무엇보다 발리 커피 시장을 장악한 도매상이 가진 힘 덕분인 듯 커피 한 잔 가격이 시중의 3분의 1이었다.

인도네시아 생활이 계속되면서 생긴 가장 큰 변화는 더 이상 차가운 음료를 먹지 않는 것이었다. 얼음을 만드는 물을 불신하기도 했고 배탈도 우려되어 가급적 따뜻한 음료를 마셨다. 카페에 가면 에스프레소 잔 2배 크기의 컵에 텁텁하다 싶을 정도로 진한 커피를 내어 준다. 컵 옆에는 티스푼과 그와 비슷한 크기의 쿠키 하나가 있다. 커피를 한잔한 후 루꼬가 줄지어 있는 상가를 구경하다가 어학원에서 배웠던 단어나 문장을 상점의 종업원에게 말해 보았다. 어린아이 수준의 인도네시아어를 구사했지만, 종업원은 특유의 미소를 지으며 "인도네시아어 잘하네요. 어디에서 배웠어요?"라고 다시 물어봤다. 내용보다는 영어가 아닌 인도네시아어를 사용하는 것 자체에 집중하는 듯 감탄사가 뒤섞인 칭찬을 연발했다.

어학원이 끝난 후 또 다른 일상이 펼쳐진 곳은 집 근처 르논 공원이었다. 구도심과 조금 떨어진 르논 지역에는 공원을 중심으로 행정기관, 주택, 상업시설이 자리한다. 구도심과는 달리 도시 계획을 통해 건설이 이루어졌기에 잘 구획된 도로를 따라 건물이 위치하며 크고 작은 공원이 곳곳에 있다. 도심의 번잡함을 피할 수 있고 발리 주지사의 관저, 주의회 의사당, 이민국, 각국 영사관이 있기에 덴파사르에서도 중산층 이상의 주민이 거주하는 공간이다. 르논 공원에는 잘 가꾼 나무와 분수, 테라스가 자연스럽게 어우러져 있고, 공원 주위로 육상

트랙이 있으며, 안쪽에는 배구, 축구, 농구, 배드민턴을 할 수 있는 시설을 마련되어 있다.

르논 공원의 정중앙에는 직사각형의 기단基壇을 설치한 후 그 위로 45미터 높이의 탑을 세웠다. 발리 주민들의 독립 투쟁을 기리기 위해 1981년부터 2004년까지 건설된 바즈라 산드히 기념비Bajra Sandhi Monument다. 인도네시아 독립일인 1945년 8월 17일을 상징하기 위해 정문으로 이어지는 17개의 계단이 있고 내부에는 8개의 기둥이 있다. 기념비 높이는 45미터다. 총 3개의 건축물이 층층이 하나의 탑 형태를 이루고 가장 아래층에는 박물관이 있다. 발리의 시작이라고 추정하는 기원전 30000년부터 현재까지 역사를 33개의 디오라마 형태로 표현했다. 기념비의 최상층으로 올라가면 덴파사르를 360도로 조망할 수 있는 전망대가 있다.

한낮의 르논 공원은 바즈라 산드히 기념비를 보기 위해 찾는 관광객을 제외하고는 사람이 거의 방문하지 않는 공간이다. 열대의 뜨거운 날씨 때문이다. 하지만 이른 아침과 늦은 오후 시간에는 산책과 운동을 하는 주민들이 몰려들며 활기가 넘친다. 르논 공원 주위로 길거리 음식을 파는 상인들이 자리해 불야성을 이루고, 인근의 식당에도 외식하는 발리 사람들을 만날 수 있다. 발리로 들어온 첫날에 친구 아리가 왜 이곳으로 나를 데려왔는지 알 수 있었다.

나에게도 르논 공원이 하루를 마치기에 적당한 장소였다. 외국인이 거의 방문하지 않는 공간이기에 하루이틀 지나면서 나는 발리 사람들의 관심을 끌었다. 어느 순간 나는 그들과 함께 축구, 배구, 농구를 하는 만능 스포츠인이 되었고, 저녁 식사로 공원 근처 노점상에서 판매하는 나시고렝, 미고렝, 옥수수 숯불구이인 자궁 바까르 등을 먹곤 했다. 더위가 채 가시지 않은 늦은 오후, 르논 공원에 가기 위해 오토바이를 타면서 흥얼거린 〈벚꽃 엔딩〉 노래 가사가 덴파사르를 회상하게 하는 즐거운 기억으로 남아 있다.

**3**

*Bali, Indonesia* ——————

드디어
우붓으로,
그리고
새로운 만남

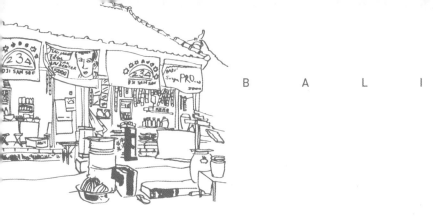

인류학 현지 조사는 어쩌면 '연극이 끝난 후' 이루어지는 것이 아닐까? 조명이 꺼진 무대를 관찰하고 무대 뒤편에서 펼쳐지는 이야기를 찾아가는 것은 아닐까? 배우의 열연이 펼쳐진 연극을 조사하는 동시에, 공연 이후의 이야기를 찾아야 하기에 더욱 많은 시간이 필요하지 않을까? 또한 무대 뒤편의 어쩌면 너무나 개인적인, 저들끼리 공유하는 이야기를 함께 듣기 위해 연구자와 연구 대상 사이에 라포rapport를 형성하려고 애쓰는 것이 아닐까?

어학원 수업이 없는 주말에는 오토바이를 몰고 1시간을 달려 우붓의 곳곳을 돌아보았다. 때로는 친구 소개로 때로는 무작정, 넓게 펼쳐진 논밭을 찾아다녔다. 농사일하는 농민에게 "여기는 관광객이 많이 오는 마을인가요?"라고 물었다. 그러면 농부는 미소를 머금으며 "관광객은 우붓에 많아요. 여기는 없어요." "저기 논 보러 오는 관광객은 제법 있어요."라는 대답을 돌려줬다. 꽤 멋진 계단식 논을 가진 마을을 방문해, 브데사를 찾아 여러 가지 이야기를 나눴다. 주민 수, 관광객 수, 관광자원, 외국인 거주 여부 등이 주요 질문이었다. A 마을은 주민 규모는 적당했지만 관광객 방문이 거의 없었다. B 마을은 인근에 유명 사원과 제법 근사한 계단식 논이 있어 관광객이 많았다. 하지만 주민 수가 3,000명이 넘는 큰 마을이었다.

직접 현지 조사지를 찾는 일은 비효율적이고 고단했다. 그럼에도 여러 마을의 주민들과 이런저런 이야기를 나누는 것이 시간을 허비하는 일은 아니었다. 우붓과 인근 마을의 지리가 어떤지 알 수 있었고 언어 실력도 향상되었다. 완전한 문장을 만들어서 대화를 주고받아야 한다는 강박이 조금씩 사라졌다. 아는 단어를 총동원해 대화하다 보면 현지 주민이 발음과 표현을 고쳐 주고 때로는 문장 수정까지 도와주었다. 무엇보다 책을 통해 단편적으로 알았던 발리 사회의 구조와 작동 방식을 조금씩 이해하는 나를 발견할 수 있었다.

적절한 조사 지역을 못 찾고 있는 내게 에디완이 자기를 믿어 보라며, 나중에 소개할 우붓 출신 친구가 잘 알 것이라며 걱정을 덜어 주기 위해 애썼다. 아리 역시 우붓 인근에 조사가 가능한 마을이 있는지 찾고 있다고 계속 강조했다. 설령 생각한 조건의 조사지를 찾는다고 해도 마을에 거주하면서 조사한다는 것은 또 다른 문제였다. 발리 사회는 외부인의 시선으로는 '개방된 사회'로 이해된다. 관광업이 활성화되어 있고 외국인의 거주 비율이 높기 때문이다. 하지만 발리 사회는 발리 힌두교를 믿는 종족 공동체로서 폐쇄적 사회 구조를 가진다. 더

욱이 전통 마을을 의미하는 반자르banjar 단위로 일상이 돌아가고 의
례가 진행되기에 폐쇄성은 더욱 짙어진다.

관광 일정이 길어진 사람 또는 사교성이 좋은 사람은 아주 가끔씩
여행객과 주민 사이를 넘어 친구 관계를 맺기도 한다. 물론 이러한 관
계가 아무런 의미가 없고 진정성 없이 겉으로만 친밀함을 표하는 관
계라 단정할 수 없다. 하지만 단순히 친밀함을 넘어 그들과 전혀 다른
친밀감과 소속감이 부여된 채 발리인과 관계를 맺을 필요가 있었다.
여러 방법 중 하나는 발리인, 특히 같은 마을 주민의 소개를 받는 것이
일차적인 신뢰를 받는 최선의 방법이었다.

어학원 학기가 중반쯤 지났을 때 에디완이 오전 일찍 문자를 보냈
다. "어학원 끝나고 같이 우붓에 갈 수 있어? 지난번에 소개해 준다고
했던 친구가 오늘 만날 수 있다고 하는데. 시간 괜찮아?" 문자를 확인
하자마자 답장했다. "응, 당연히 가능하지. 집에 오토바이를 놔두고
올게." "그럼 수업 끝나고 오토바이 놔두고 집에 있어. 내가 픽업 갈
게." "오케이. 항상 고마워." 고맙다는 인사까지 채 1분도 걸리지 않
았다. 스스로 조바심을 가졌다 생각하지는 않았지만, 아마 현지 조사
를 하는 학생이 필연적으로 가지게 되는 두려움, 초조함, 맥락 없는
걱정이 무의식중에 나를 짓눌렀을 것이다.

집에서 간단히 점심을 먹고 조금 기다리니 에디완이 차가 아닌 오
토바이를 타고 왔다. "아내가 차를 쓴다고 가져가서 오토바이 타고
가야 할 것 같아." 에디완이 말한다. "응. 각자 오토바이 타고 우붓으

로 올라가자." 내가 말했다. 에디완의 친구가 일하는 호텔을 최종 목적지로 하고 오토바이를 몰아 우붓으로 향했다. 얼마 지나지 않아 덴파사르에서 사누르로 나가는 큰 교차로에서 경찰 수십 명을 마주했다. 그들은 지나가는 차량과 오토바이를 단속하고 있었다. 헬멧을 쓰지 않은 외국인과 언성이 조금씩 높아졌다. 나 역시 오토바이를 도로 한편에 세웠다. 웃는 얼굴로 다가오는 경찰관에게 등록증과 운전면허증을 건넸다.

경찰관은 여전히 웃는 얼굴로 "이 운전면허증은 통용이 안 되는데, 벌금 내야 합니다."라고 영어로 말했다. 더듬지 않고 외운 대로 문장을 완벽하게 구사하는 것을 보니 국제 운전면허증이 없는 외국인 관광객에게 비공식적인 벌금을 받은 경험이 많은 경찰관이었다. "국제 운전면허증과 한국 운전면허증 둘 다 있으면 오토바이 운전이 가능하다고 들었습니다." 나 역시 영어로 대답했다. 에디완이 내 옆으로 와서 인도네시아어가 아닌 내가 알지 못하는 발리어로 경찰관에게 몇 마디 보탰다. 경찰관은 아무 말 없이 우리를 보내 줬다.

이후로도 큰 교차로에서 몇 번 더 경찰 단속이 있었지만, 그들이 원하는 몇 만 루피아를 건네지는 않았다. 대부분 웃는 얼굴이었지만 어떤 경찰관은 오늘 실적을 달성하지 못했는지 고압적으로 내 오토바이를 가져가려는 몸짓을 했다. 나는 그들이 복잡한 행정 절차 때문에 절대 오토바이를 가져가지 않음을 알고 있었다. 그럼에도 뜨거운 열기가 올라오는 아스팔트 한복판에 서 있기는 쉽지 않아서 재빨리 미리 연습한 인도네시아어를 경찰관에게 말했다. "국제 운전면허증이 인도네시아에서 통용된다고 들었습니다. 오토바이 운전에는 지장 없다고 들었습니다." 이러면 대부분은 헬멧을 쓰지 않거나 국제 운전면허증이 없는 다른 외국 관광객도 많으니 나에게서 돈을 뜯어내는 일을 금방 포기했다. 이 문장이 효과가 없으면 "나는 우다야나 대학에서 인도네시아어를 배우는 학생입니다. 발리를 알고 싶어서 인도네시아어를 배우고 있으니 나를 그만 보내 주세요." 같은 말을 웃는 얼굴로 반복했다.

그다지 경험하고 싶지 않은 상황을 보낸 후 에디완과 함께 우붓에 도착했다. 에디완 친구의 이름은 드위로 에디완과 우다야나 대학 영문학과 동기였다. 대학 졸업 후 우붓에 위치한 외국계 리조트에서 근무했고, 나를 만났을 때는 매니저였다. 우붓이 해발 400~500미터에 위치해 덴파사르보다는 훨씬 시원한 느낌이 들었지만, 꽤 오랜 시간 오토바이를 타고 왔기에 지쳐 있었다. 드위가 숙박객에게 내주는 웰컴 드링크를 건넸다. 드위와 나는 그렇게 처음 만났다. 이전까지 발리에 몇 차례 방문했지만 항상 저렴한 호텔과 코스에서만 머물렀기에 드위의 근무지인 고급 리조트는 처음이었다. 리조트 매니저로서 손님을 대하는 몸짓, 사용하는 언어 수준, 직원을 대하는 방식이 전문적이었고, 그러한 태도가 믿음직스럽게 다가왔다.

드위의 마을은 우붓 중심부에서 북쪽으로 차량을 타고 40여 분을 가면 나오는 스바뚜 마을이었다. 우붓에서 스바뚜 마을로 가는 길에는 우붓의 대표 관광지 중 하나인 뜨갈랑랑 계단식 논Tegallalang Rice Terrace이 있다. 관광객과 그들을 맞이하는 뜨갈랑랑 마을 주민, 상인 무리를 지나치고서도 10여 분을 더 북쪽으로 달리면 스바뚜 마을에 도착한다. 우붓이 해발 고도가 400미터 정도라면 스바뚜는 대략 700~800미터다. 아침과 저녁은 제법 쌀쌀해서 긴팔을 입고 생활해야 할 정도다.

마을 공동체가 잘 유지되고 인구 규모도 700명 정도이기에 현지 조사 지역으로 적합했다. 마을에는 관광객에게 제법 유명한 띠르따 엠풀 사원Pura Tirta Empul이 있었다. 우붓과 거리가 있기에 외국 관광객이 많지는 않았다. 하지만 역사성이나 종교적 측면에서 띠르따 엠풀 사원이 가진 상징성이 있었기에 발리인에게는 꽤나 유명한 장소였다.

드위는 스바뚜 마을의 책임자인 븐데사의 아들로 공부를 제법 해서 마을에서 드물게 대학에 입학했고 졸업 이후에 리조트에 취직할 수 있었다. 드위의 아버지는 고령으로 븐데사 자리에서 물러났지만 꽤 오랜 기간 마을 원로 역할을 했다. 드위 역시 언젠가는 븐데사 역할이 주어질 것으로 생각하지만 현재는 리조트 일에 전념했다. 드위와 내가 처음 만났던 당시 드위는 아이가 하나 있었다. 이후 다시 본격적인 현지 조사를 시작할 때 내 아이와 동갑인 아들이 태어났다.

2주 정도 지난 후 혼자서 스바뚜 마을을 방문했다. 전형적이라는 말이 가진 함정이 있지만, 스바뚜 마을은 관광과는 조금은 먼 '전형적인' 발리의 농촌이었다. 주민들은 공동의 의례를 행하는 힌두교 공동

드위 아들의 100일 의례. 왼쪽은 내 아들이다

체였고, 한편으로는 대부분 친인척 관계였다. 주민들은 계단식 논에서 농사를 지어 경제적 활동을 했다. 또한 과거부터 스바뚜 마을이 목공예로 유명했기에 주민 일부는 목공예 상품을 생산했다. 물론 드위처럼 관광 산업이 발달한 우붓에서 관광업에 종사하는 주민도 상당히 많았다. 관광업이 발달한 지역의 특성상 임금에 비해 물가가 높기 때문에 주민 대부분 두세 가지 일을 동시에 했다. 드위도 리조트 매니저 일 외에도 마을 청년들과 트래킹 가이드 일을 했다.

덴파사르에서 자동차 매연과 더위로 힘든 나날을 보낸 것의 보상인지, 스바뚜 마을의 멋진 풍광과 선선한 날씨가 선물로 주어졌다. 또한 마을 사정에 정통한 정보제공자가 있고 연구계획서에서 구상했던 마을 구조와도 거의 일치했다. 드위가 소개해 준 마을 주민과 몇 차례 이야기를 더 나눈 후 스바뚜 마을을 조사 지역으로 선택했다. 이후 덴파사르에서 어학원을 계속 다녔고 시간이 날 때마다 스바뚜 마을에 들러 마을에 대해 기본적인 조사를 했다. 스바뚜 마을의 관광 발전에 긴밀하게 연결되는 우붓 지역의 관광 작동 방식과 발전 과정도 함께 조사했다.

현지 조사 지역을 정했고 어학원 과정이 거의 끝날 무렵, 스바뚜 마을로 이동했다. 드위 집에서 며칠 신세를 지며 거주할 집을 찾기로 했다. 스바뚜 마을에서 보내는 일상은 만족스러웠다. 발리에서 그동안 경험해 보지 못했던, 때로는 오한이 들 정도로 선선한 날씨가 아침과 저녁 시간에 주어졌다. 관광객이 호텔과 식당에서 추가금을 지불해야 선택할 수 있는 라이스 필드 뷰rice field view가 집 앞에 펼쳐져 있었다. 멀리 논에서 들려오는 풀벌레와 개구리 울음소리는 포근한 자장가 같았다. 물론 도시인의 생활 패턴과는 다르게 아침 일찍, 아니 새벽부터 우는 닭 울음소리, 모기를 비롯한 온갖 벌레의 습격, 따뜻한 물이 나오지 않는 환경은 힘들었지만 호텔에서 생활하지 않는 한 적응해야 할 부차적인 문제였다.

조사 초반은 순조로웠다. 마을은 어느 정도 파악되었고, 드위가 마을 청년들과 함께 조직해서 운영 중인 트레킹 상품도 에코 투어리즘

eco tourism의 실천 측면에서 가치 있는 도전으로 보였다. 자전거와 도보, 두 가지 방식으로 운영 중인 트레킹을 체험해 보았고 때로는 가끔 방문하는 외국 관광객을 상대하며 가이드 역할을 자처했다. 물론 마음속 어딘가에 조사가 잘되고 있나 하는 걱정은 항상 내재되어 있었다. 석사 학위 논문을 작성할 때 현지 조사 경험이 있었지만, 박사 학위 논문 때처럼 많은 연구 내용과 장기간 조사는 처음이었다.

스바뚜 마을 조사와 함께 우붓에 대한 조사도 병행해야 할 필요가 있었다. 발리 남부 지역이 우리가 흔히 상상하는 발리의 관광, 즉 바다와 해변을 중심으로 하는 관광이 이루어지는 곳이다. 이에 반해 우붓은 '예술인의 마을'이라는 별칭처럼, 여행객이 다양한 발리 문화를 경험하고 체험하는 관광이 활발하다. 또한 언제까지 드위에게 신세를 질 수는 없었다. 하지만 스바뚜 마을에서 집을 구하는 것이 생각보다 어려웠고 마을에 유일하게 있던 호텔에서 지내는 것도 예산 문제로 쉽지 않았다. 더욱이 우붓 조사를 위해 왕복 1시간 30분이 되는 거리를 오가는 것도 점점 부담이 되었다.

우붓에는 일주일, 한 달 단위로 빌릴 수 있는 저렴한 집이 제법 많았다. 특히 요가를 하는 외국인의 거주가 늘어나면서 이를 위한 우붓 주민의 임대 사업이 한창 활성화되던 시점이었다. 더불어 현재와 달리 '예술인의 마을'이라는 의미가 퇴색되기 이전이어서 저렴한 숙박시설을 쉽게 구할 수 있었다. 나는 우붓 중심부에 집을 빌렸다. 연구 내용은 '대중관광의 시작과 발달이라는 환경 변화가 이 지역을 어떻게 변화시키느냐'에 중점을 두었다. 당시 조사는 관광산업 종사자와의 인터뷰가 주를 이루었다. 호텔리어, 식당 종업원, 관광 가이드, 주차장 관리원과 인터뷰를 진행했다. 우붓 관광이 과거와 달리 변화한 점이 있는지가 주요 질의 내용이었다.

요가 수행자를 의미하는 요기들이 최근 몇 년간 눈에 띌 만큼 우붓에 많이 방문하는 것을 확인할 수 있었다. 요가학원 근처에서 오토바이 운전사로 일하는 끼림과의 대화 역시 이와 비슷한 내용이 주를 이루었다. "저야 오토바이로 데려다주고 데리고 오기만 하면 되니까, 고정적으로 돈도 벌고 좋죠. 남자들은 오토바이를 잘 타는데. 아무래도 여자들은 오토바이 타는 것을 무서워하니까요. (요가 수련생인 제시를 가리키며) 아마 한 일주일은 여기 머물 것 같은데요. 보통 그래요. 집에 데려다주는 길에 있는 논을 보면서 감탄하고, 뭐가 좋은지."

요가 수련생인 제시는 우붓을 이렇게 평가했다. "왠지 우붓에 오면 평온이 느껴져요. 지난번 여행에서는 꾸따에 계속 있다가, 우붓에 한번 왔는데 너무 좋았어요. 새로운 '무엇인가'를 발견한 것 같아요. 그래서 이번에는 꾸따를 안 가고 바로 우붓으로 왔어요."

우붓 인근 마을 주민인 수이따는 우붓 관광 안내센터에 트레킹 가이드로 등록되어 있었다. 관광 안내센터에 여행객이 트레킹을 신청하면 수이따 같은 가이드를 연결해 주었다. 손님 1명당 대략 10달러 정도 벌 수 있으니 꽤 괜찮은 일자리였다. 다만 이윤이 많으니 가이드 숫자가 늘어났고 관광 안내센터에서 매일 손님을 소개시켜 주지는 않는다고 한다. 나도 일반 여행객과 같이 인도네시아어를 사용하지 않고 영어로 진행되는 가이드 투어를 받았다. 투어 진행 과정을 꼼꼼히 기록하고 질의 내용을 정밀하게 다듬었다. 며칠 후 수이따와 커피를 한잔하면서 가이드 투어, 특히 에코 투어리즘과 관련해 인터뷰했다.

우붓을 조사하던 도중, 한국에 있던 아내가 법정공휴일인 부처님 오신 날을 활용해 발리에 찾아왔다. 혼자서 살던 누추한 집을 벗어나 아내와 함께 근처 호텔을 예약했다. 드위는 매니저로 있던 고급 리조트를 매우 저렴한 가격에 2박을 이용할 수 있게 해 줬다. 결혼 이후 첫 발리 여행이었지만, 여전히 학생 신분이고 더욱이 현지 조사 중이라 경제 사정이 좋지 않았다. 그럼에도 드위의 배려로 발리의 고급 리조트를 경험할 수 있었다. 아내는 즐거운 여행을 마치고 한국으로 돌아갔다. 몇 달 후 한국에 있던 아내의 임신 소식을 들었다. 아이 출산 예정일은 그다음 해인 2월 중순이었다. 출산 이전까지 가급적 많은 사람을 만나 인터뷰를 진행하고 조사 내용을 기술했다.

우붓 조사가 순조롭게 진행되는 것에 비해 스바뚜 마을 조사는 원활하지 않았다. 문화관광 관련 현상이 한 편의 연극이라고 가정하면, 무대인 스바뚜 마을에서 연출자이자 배우인 현지 주민이 각고의 노력을 쏟아 완벽한 연극을 준비했다. 하지만 온다고 하던 관광객이라는 또 다른 상대 배우가 좀처럼 무대에 등장하지 않고 있었다.

스바뚜 마을 조사에 고민이 있었지만, 우붓에서 펼쳐지는 관광을 둘러싼 다양한 사회문화적 현상이 흥미로웠다. 과거 우붓 방문자는 예술인, 전통문화와 예술에 관심 있는 일부 관광객 그리고 새로운 모험을 찾아 떠나는 히피족이 대부분이었다. 1990년대 이후 관광객이 점차 증가하고 생태관광, 요가와 명상 수행자, 대중 관광객이 혼재되었다. 조사 당시에는 대중 관광객, 특히 단체 관광객이 급증했다. 우붓에서 장기 거주하는 외국인은 점차 우붓 중심부에서 벗어나 인근의 마을로 거주지를 옮겼다. 이 과정이 흥미로웠고 그들에 대한 조사가 함께 이루어졌다. 장기 거주 관광객 또는 장기 거주 외국인을 조사할 필요성이 커진 것이다.

스바뚜 마을에는 외국인 한 사람이 꽤 오래 살았지만 집단이 공유하는 특성을 연구하기에는 여러 한계가 있었다. 장기 거주 외국인을 만나기 위해 우붓 인근 마을을 조사하기로 했다. 당시 우붓에는 한국인이 제법 거주했다. 싱아꺼르따에 우주 가족이 오랫동안 거주하고 있었고, 우주 가족의 소개로 다른 한국인 가족들도 싱아꺼르따와 인근 마을에 거주했다. 한국인 가족의 초대를 받아 몇 차례 식사를 함께 할 수 있었다. 우주 가족은 싱아꺼르따에 살기 이전에는 옆 마을인 뉴꾸닝 마을Banjar Nyuh-kuning에 살았다고 한다. 뉴꾸닝 마을의 임대료가 점차 상승해 어쩔 수 없이 싱아꺼르따로 이사를 오게 되었다고 했다. 나와 뉴꾸닝 마을의 첫 만남이었다.

**4**

*Bali, Indonesia* ──────── 가족과 함께
발리로
돌아오다

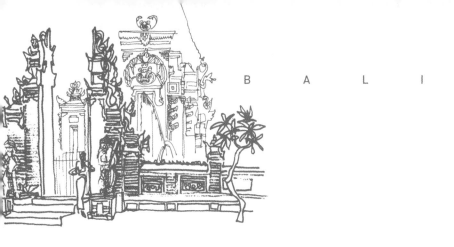

새로운 생명이 태어났다. 현지 조사가 중단되었다. 조사 과정에서 얻는 학문적 즐거움이 아이가 주는 인생의 즐거움을 이길 수는 없었다. 그렇다고 인도네시아 연구자가 되고 싶다는 꿈을 포기하지는 않았다. 현지 조사를 가족과 함께하는 것도 괜찮겠다는 생각이 들었다. 아이 양육에 참여하고 싶었고 무엇보다 아이와 함께 있고 싶은 마음이 컸다. 아이에게 필요한 필수 예방접종이 대략 생후 6개월이면 끝났고 그다음 예방접종은 3~4세 이후에 진행될 예정이었다.

그렇게 우리 부부는 6개월 된 아이와 함께 발리로 돌아왔다. 발리에 도착하자마자 스바뚜 마을로 들어갔고 드위네 집에서 살았다. 이전 현지 조사에서 스바뚜 마을이 조사 지역으로 적절한지 고민했는데, 발리 농촌을 경험한 적 없었던 아내가 생활하기 힘들다고 토로하면서 고민이 확신으로 이어졌다. 아내는 또 다른 측면에서 일종의 장기 거주 외국인이자 관광객이었고, 스바뚜 마을은 이들이 여행을 하거나 살기에 적합한 장소가 아니었다.

현지 조사 지역을 변경해야 했다. 우붓 중심부에 가까운 마을을 찾아야 했고, 마을 규모와 외국인 분포 등 조사지로서 이상적이었던 뉴꾸닝 마을을 조사지로 결정했다. 물론 연구자가 현지 조사 지역으로 선택했다고 연구를 바로 시작할 수 있는 것은 아니었다. 마을 주민이 흔쾌히 허락하는 것은 다른 문제였다. 뉴꾸닝 마을에 살았던 우주 가족에게 도움을 요청했다. 우주 가족은 뉴꾸닝에 거주할 집을 찾는 게 우선이라고 조언했다. 전화를 몇 통 걸어 보더니 세입자를 구하는 집이 있다는 것을 확인했다. 마음이 급했던 우리 가족은 통화가 채 끝나기도 전에 오토바이에 몸을 싣고 있었다.

뉴꾸닝 마을의 중심 도로인 뉴 불란Jl. Nyuh Bulan 도로에 진입한 후 북쪽으로 대략 50미터를 이동했다. 왼편에 보니 뚜가드 바뚜 하우스라 이름 지어진 집을 렌트한다는 A5 사이즈의 종이가 길 입구에 붙어 있었다. 두 사람이 나란히 걸으면 겨우 지나갈 정도로 좁은 길목을 따라 10여 미터를 들어갔다. 길 끝에 제법 근사한 이층집이 위치했다. 집주인인 와얀이 우리 일행을 기다리고 있다.

"여기 주인인 와얀이라고 합니다. 2층에는 다른 외국인이 이미 살고요, 1층을 빌릴 수 있습니다." 와얀이 말했다. "잘되었네요. (옆의 아들을 가리키면서) 아이가 아직 걷지 못하니 저희 가족은 1층이 더 좋습니다. 렌트 비용이 얼마인가요?" 내가 물었다. "한 달에 6주따juta(600만 루피아)는 생각하고 있습니다. 물 사용 비용은 제가 낼 예정이

당시 뚜가드 바뚜 하우스의 광고

고요. 전기 사용 비용만 내시면 됩니다. 이 집 다 짓고 처음 들어온 손님이니 저렴하게 내놓는 겁니다." 와얀이 말했다. "한 달에 6주따는 너무 비싸네요. 한 달에 5주따로 하면 어떨까요? 제가 1년 정도 마을에 살 예정이고 일단 세 달 계약하고 싶은데요."

　흥정은 계속되었다. "5주따는 안 됩니다. 5.5주따로 하시죠." "저, 아내, 아이 이렇게 세 명이 살 거예요. 제가 인도네시아어도 할 수 있으니 다른 외국인보다 더 나을 겁니다. 월에 5주따로 하시고, 제가 세 달치 월세인 15주따를 먼저 내면 될 것 같은데요." 와얀이 머릿속이

뒤죽박죽된 것 같은 미묘한 표정을 짓더니 이내 말했다. "그렇게 합시다. 새 집이고 (집 정문을 가리키면서) 문도 엄청 비싼 것으로 했으니 관리 잘해 주세요." 그렇게 우리 가족은 공중을 향해 한 걸음을 내디뎠다. 다행히 높이 올라가는 계단의 시작점이었다.

집주인인 와얀의 배려로 뉴꾸닝 마을에 정착하고 조사를 시작했다. 인류학자가 현지에 들어간 후 먼저 하는 일은 무엇일까? "마을에 사람이 몇 명 살아요?", "마을의 역사는 어떻게 되나요?", "마을에서 펼쳐지는 주요 의례는 어떤 것이 있나요?", "누가 마을의 수장인가요? 그의 정치적 영향력은 어떤가요?" 등등의 질문을 지나가는 마을 사람을 붙잡고 물어보는 것이다.

뉴꾸닝 마을 조사를 위해 인도네시아어로 번역한 질문지를 만들어 놓기는 했다. 하지만 현실적으로 어떤 마을 사람도 나를 기다려 주지는 않았다. 수영장도 없는 작은 집을 빌리는 데 월세로 인도네시아 공무원 월급의 거의 1.5배, 2배를 받는 와얀 역시 내 질문에 답하는 것이 귀찮은 일인 듯했다. 또한 현실적으로 내 옆에는 열심히 방바닥을 기어 다니는 아들이 있었다.

아들을 돌봐 줄 보모를 찾아야 했다. 와얀의 친척이자 마을 주민이기도 한 뿌뚜를 소개받았다. 나이는 나보다 3살이 어렸지만 이미 아이가 셋이나 있어 아이 양육에 있어서 전문가였다. 연륜 있는 뿌뚜는 우리 부부에게 구세주와 다름없었다. 무엇보다 뿌뚜는 와얀과 함께 현지 조사 과정의 주요 정보제공자key informant 역할을 했다. 특히 그녀는 남성 인류학자가 상대적으로 접근하기 힘든 여성의 삶을 이해하는 데 도움이 되었다. 의례 과정에서 남성과 여성의 역할은 명확히 구분되는데 뿌뚜가 없었다면 여성의 내밀한 삶을 기록하지 못했을 것이다.

우리 가족이 마을 구성원으로 온전히 받아들여지고 정착하는 데는 시간이 꽤 걸렸다. 위대한 인류학자인 클리포드 기어츠Clifford Geertz는 발리의 한 마을을 조사하며 마을 구성원으로 인정받기까지의 과정을 『문화의 해석』에 기술했다. 기어츠와 그의 아내는 1958년에 현지 조사를 시작했지만, 마을 주민에게 이들 부부는 마치 존재하지 않는 사람처럼 여겨졌다. 특히 기어츠 부부가 조사한 마을이 관광지와는 거리가 멀고 아주 작은 농촌이었기에 그들이 느꼈을 당혹감은 더욱 컸을 것이다. 이후 불법 도박인 발리의 닭싸움을 구경하던 중 단속 나온 경찰을 피해 주민과 함께 도망갔던 '발리의 닭싸움' 일화로 이들 부부는 마을 구성원으로 인정받게 되었다.

우리 가족의 경우는 각자가 할 수 있는 역할에 집중했고, 이 과정에서 마을 구성원으로 인정받게 되었다. 나는 마을에서 장기 거주하는 외국인과 주민 사이에 빈번하게 발생하는 갈등을 해결하는 중재자였다. 와얀이 임대한 집의 1층은 우리 가족이 거주했지만 2층은 매번 새로운 임차인이 들어왔다. 새로운 외국인은 짧게는 1개월, 길게는 2~3개월 정도 거주했다. 조금 손해를 보더라도, 즉 임대 사업이 원활하지 않아도 임차인을 들이는 것을 신중하게 결정해야 하는데 와얀은 그러지 못했다. 아마도 집을 건설하느라 마을 은행에서 꽤 많은 금액을 대출했기 때문일 것이다.

아무튼 와얀은 2층으로 들어온다는 외국인이 있으면 국적, 나이, 성별 등을 크게 신경 쓰지 않고 집을 빌려주었다. 내가 지불하는 월세보다 더 비싸게 방을 내놓았기에 새로운 임차인이 들어오면 항상 웃는 얼굴이었다. 하지만 며칠 지나지 않아 풀이 죽거나 잔뜩 화난 얼굴로 2층 임차인의 행태에 대해 하소연했다.

"미스떠르 정, 2층 할아버지는 왜 이렇게 참을성이 없는 거죠? 단수가 되어 집에 물이 안 나오는데 내가 어떻게 해요. 기다릴 수밖에 없죠." "미스떠르 정, 2층 그 이상한 할머니는 옆집 할아버지랑 왜 싸우는 거예요. 진짜 이상한 것 같아요. 이번 달 지나면 나가라고 할 거예요." "미스떠르 정, 2층 부부에게 매달 마을 관리 기부금을 내야 한다고 말해 줘요. 내가 말을 해도 안 통해요." 와얀은 나를 Mr. Jeong을 인도네시아식으로 발음한 미스떠르 정이라고 부르면서 불만을 토로했다. 나는 와얀의 요청사항을 해결하기 위해 2층의 덴마크, 미국, 러시아 사람에게 시답지 않은 농담을 건네거나 별로 궁금하지 않은 안부를 물었다.

"오늘 밤까지는 물이 안 나올 수 있다고 하네요. 물탱크 물을 다 쓰면 아마 오후 5시쯤에는 물이 아예 안 나올 거예요. 감안해서 물 아껴서 쓰세요. 저희 가족도 최대한 안 쓰고 있을게요." "이 마을에서 3개월 이상 거주하면 매달 10만 루피아씩 기부금을 내야 합니다. 마을 규칙이니 어쩔 수 없죠." "옆집 존 아저씨는 원래 윗옷을 잘 안 입어요. 신경 안 쓰는 게 최선이에요." 중재가 되기도 하고 때로는 싸움이 나기도 했다. 2층에서 한 달만 살았던 할머니는 결국 옆집에 살던 존 할아버지와 한바탕 소란을 피운 뒤 집을 나갔다. 나가는 과정에서 월세 문제로 와얀과도 언성을 높였다. 웬만한 일에는 언성을 높이지 않는 발리인이지만 돈 문제가 걸려 있고 2층 할머니의 막무가내 행태가 와얀의 인내심을 바닥나게 한 것이었다.

나중에 알고 보니 그 할머니는 우붓 지역에서 돈 문제로 임대인과 의도적으로 갈등을 만든다는 악명이 자자했다. 그 할머니와의 사건 이후 와얀은 좀 더 면밀하게 임차인을 알아보았고, 마을 주민의 소개가 아니면 집을 빌려주지 않으려고 했다. 2층 임차인과의 갈등에 나와 아내가 관여하면서 우리 가족은 점차 와얀을 비롯해 마을 주민에게 신뢰를 얻을 수 있었다.

6개월이 된 아들도 우리 가족이 마을에 정착하는 데 크게 기여했다. 발리인은 결혼 후 아이를 낳아야 '온전하고' '문제없는' 사람으로 간주한다. 결혼 연령이 점차 높아졌지만 2000년대 초반만 하더라도 25살까지 결혼하지 않은 자식이 있는 것을 큰 문제로 여겼다. 친한 마을 주민인 까나는 딸이 29살까지 결혼하지 않는 것이 자신의 인생에서 큰 과오라고 생각할 정도였다. 다른 마을 사람들은 까나에게 직접 말하지는 않지만, 아마 딸에게 말하지 못할 큰 문제가 있을 것이라 수군거렸다.

본격적인 조사를 하면서, 내 소개를 하는 데 있어 아내와 아이가 큰 도움이 되었다. 가족이 함께 마을에 산다는 사실은 새롭게 만난 주민과의 관계를 원활하게 해 주었다. 아이가 발리의 더운 날씨에 잘 적응하는지, 음식은 잘 먹는지, 아이는 아내가 직접 보살피는지 아니면 누구의 도움을 받는지 등을 설명하는 것이 조사의 시작이었다. 얼마 지나지 않아 아들은 어느새 뉴꾸닝 마을의 유명인이 되어 있었다. "지난번 뿌뚜가 데리고 다닌 아들은 잘 있어요?" "한국 아이여서 그런지 확실히 발리 아이보다 키가 큰 것 같아요." 마을 주민들은 항상 내게 아들의 안부를 물었다.

아이와 아내 덕분에 나는 발리인에게 '믿을 수 있는', '온전한', '정상적인' 사람으로 인식되었고, 이러한 인식은 마을 조사에 있어 다양한 이점으로 작용했다. 특히 의례 과정에서 결혼한 남성과 결혼하지 않은 남성의 역할은 분명하게 갈린다. 결혼한 남성이 의례 진행에서 주체가 된다면, 결혼하지 않은 남성은 중고등학생과 함께 의례의 주변부에 머물러 있다. 나도 아이가 있는 결혼한 남성이기에 의례에 참가해 온전한 내 역할을 수행했다.

물론 인류학 현지 조사의 성격상 어떤 정해진 틀에서, 오늘은 누구를 만나고 그들에게 어떤 정보와 이야기를 얻을지는 알 수 없다. 『문화의 패턴』을 쓴 루스 베네딕트Ruth Benedict는 사회 관습을 연구할 때 문제의 핵심은 연구 대상의 행동이 사회적 수용이라는 바늘귀를 통과하는 것이라 강조한다. 와얀에게 마을에서 행해지는 의례에 대해 물을 때, 그가 알고 있는 정보가 한정되고 때로는 정확하지 않을 수도 있다. 각 인간이 가진 다양한 심리와 그에 따른 행동이 너무나 방대하고 모순이 가득하기 때문이다. 또한 와얀의 의례 참여가 마을 주민에게 어떤 방식으로 수용되고 이해되는지 함께 논의해야 한다.

마을 여성의 삶이 주체적인지, 남성에게 종속적인지 여부 역시 누구에게, 어떤 상황에서, 어떤 사건을 물어보느냐에 따라 다양한 이견이 존재한다. 뿌뚜에게 질문한다고 정확한 답이 나오는 것은 아니다. 또한 마을에서 권위를 가진 사람, 예를 들어 마을의 지도자급 인사나 연세가 많은 어른의 의견이 절대적이지도 않다. 베네딕트는 이를 광범위한 의미에서 역사만이 사회적 수용과 거부를 설명할 수 있음을 강조한다.[1]

결국 현지 조사를 하는 데 있어 정해진 틀은 없으며 어떤 사실을 알아내기 위한 특별한 방법 역시 존재하지 않는다. 상당한 시간 동안 주민을 관찰하고 연구자가 함께 참여해야, 상황을 이해하고 사회적, 문화적 맥락을 이해할 수 있는 것이다.

우선 뉴꾸닝 마을을 조사하기 위해선 마을의 현황과 역사를 알아야 했다. 당시 기억으로 남북으로 1.3킬로미터, 동서로 1킬로미터 그리고 대략 1.3제곱킬로미터 넓이를 가진 마을을 밤낮으로 돌아다녔다. 주택 사이 마을 도로를 걷거나 오토바이를 타고 돌아다녔다. 오토바이 출입이 자유롭지 않은 마을 주변 논, 강, 밀림 지역까지 조사 초반에는 여러 차례 가 보았다. 가장 힘들었던 점은 길가에 서성거리는 개들이었다. 덩치가 큰 개뿐만 아니라 작은 강아지가 목청껏 짖는 것을 볼 때마다 두려운 마음이 들었다. 발리 마을마다 버려진 개가 상당히 많았는데 이들 대부분이 광견병 주사를 맞지 않았다는 소문이 있었다. 개에 대한 두려움과 더위 때문에 가까운 거리를 이동할 때도 되도록 오토바이를 이용했다.

뉴꾸닝 마을은 지리적으로 우붓 왕궁에서 남쪽으로 약 5킬로미터 거리에 있다. 우붓 중심가 남쪽에 위치한 원숭이 사원의 후문이 마을의 북쪽 구역에 맞닿아 있다. 뉴꾸닝이라는 마을 지명은 발리어로 노란 코코넛을 의미한다. 하지만 인근 다른 마을과 비교해 뉴꾸닝 마을에 코코넛 나무가 두드러지게 많지는 않다. 마을 이름의 유래에 대해 여러 주민의 이야기를 청취했지만 다들 정확히 알지 못했다. "마을에 주민이 별로 없을 때 동네 곳곳에 노란 코코넛 나무가 많았다고 하던데요." "마을이 생기기 전 이 지역에 코코넛 나무 숲이 있었다고 하네요." 자신 없는 얼굴로 대답할 뿐이었다.

지형적으로 뉴꾸닝 마을은 2개의 물줄기인 우스강Sungai Wos과 툰두강Sungai Tunduh 사이에 있다. 마을의 남쪽 입구는 뉴꾸닝 대로와 접해 있으며, 뉴꾸닝 대로는 마을 중심부를 남북으로 관통하는 뉴 가딩 길과 뉴 불란 길을 만난다. 뉴 가딩 길의 연장선에 뉴 보족 길이 위치하고, 이 길의 끝은 우붓의 유명 관광지인 원숭이 사원의 후문과 연결된다. 조사 당시 마을의 총인구는 800여 명으로 가구 수는 170여 가구였다. 이 중 20세 이상의 성인 인구는 500여 명이었다.

인근 마을인 빠당드갈이나 싱아꺼르따는 인구가 2,000명에서 3,000명인 것에 비하면 소규모 마을 공동체라 할 수 있다. 뉴꾸닝 마을이 주변 마을과 구별되는 가장 뚜렷한 차이점은 장기 거주하는 외국인이 많다는 것이다. 조사를 진행한 2013년에는 60여 명이 마을에 거주했고, 2010년과 2011년 통계에 따르면 각각 50명, 57명이 마을에 거주했다. 이는 대체로 3개월 이상 거주한 외국인을 대상으로 했기에, 3개월 미만으로 거주한 외국인까지 포함하면 100여 명이 있는 것이었다.

조사를 처음 구상할 때 생각했던 대로 작은 마을 규모, 적은 인구수, 외국인 거주, 주요 관광지와 적절히 떨어진 거리 등이 눈앞에 펼쳐져 있었다. 이곳에서 앞으로 조사하고, 아이를 키우고, 지속적인 인연을 맺을 수 있을 것이라는 확신이 들었다. 노란 코코넛이라는 이름이 붙은 이 마을의 시작은 어땠을까? '예술인 마을'이라는 매력적인 호칭이 붙은 우붓 지역과 어떤 관계를 맺고 있을까? 이런 질문에 답을 찾는 여정이 기다리고 있었다.

**5**

*Bali, Indonesia* ————————

튀기고
볶고
뿌리고

B A L I

현지 조사를 통해 수백 편의 인류학 박사 학위 논문이 완성된다면, 현지 조사의 방법 역시 수백 개에 이를 것이다. 인류학 현지 조사와 관련 세미나는 대부분 현지 조사를 어떤 방식으로 수행했는지에 대한 이야기다. 막막한 후배 세대에게 어떻게 현지 조사를 해야 할지 알려주며 용기와 자신감을 북돋아 준다. 다만 앞선 세대의 경험담이 실질적으로 어떤 도움을 줄 것인가 하는 의문도 여전히 남아 있다.

그럼에도 단 하나, 먹고사는 문제에 대한 이야기는 그 자체로 즐거움을 주는 요소이자 후배 세대에게 도움이 되는 것은 확실하다. 어떤 장학제도로 해외 현지 조사 비용을 충당했는지, 자카르타의 수까르노-하따 공항에 도착해서 어떤 택시를 선택해야 하는지, 물가가 비싼 발리에서 어떤 식당으로 가야 하는지는 '진짜' 중요하고 실질적인 정보이기 때문이다.

발리의 응우라라이 공항에 도착한 인류학자는 비행기에서 식중독

위험이 없는, 소화 흡수가 잘되는 재료로 만든 기내식을 먹었겠지만 여전히 배고픔을 느낀다. 새로운 공간, 특히 앞으로 몇 년간 살게 될 발리에 도착했다는 긴장감과 약간의 흥분이 식욕을 자극한다. 공항에서 다른 어떤 레스토랑보다 좋은 위치에 있는 M 자 로고가 선명한 햄버거 가게에 들어갈 수는 없다. 또한 해변 옆, 관광객이 북적이는 장소도 마땅치 않다.

무슬림 신자가 많은 인도네시아에 왔으니 할랄 음식이 인류학자에게 어울리는 음식일까? 아니면 섬 전체 인구의 90%를 차지하는 발리인을 상징하는 통돼지구이 바비 굴링babi guling을 먹어야 할까? 유명 쉐프이자 작가였던 앤소니 부르뎅의 제안처럼 "인생은 알 수 없으니까 디저트를 먹어야Eat dessert first, life is uncertain" 할까? 인도네시아식 디저트인 바나나 튀김 삐상 고렝pisang goreng이 나은 선택일 수 있다.

현지 조사를 위해 발리 공항에 첫발을 디딘 순간, 어쨌든 나는 발리에 도착했고 개인의 역사에서 중요한 순간이었다. 이를 잊지 않고 기념하기 위해 인도네시아와 발리의 정서를 온전히 품은 하나의 음식이 필요했다. 공항을 빠져나오면, 늠름하게 전차를 끄는 여섯 마리의 말과 고대 인도의 대서사시인 마하바라타 인형극의 주연 가똣까까Gatotkaka 왕자가 여행객을 맞이한다. 가똣까까 동상을 중심으로 회전교차로에는 사람, 자동차, 오토바이가 혼란스럽게 엉켜 있다. 마치 발리에는 한가로이 열대의 태양을 만끽할 수 있는 해안이 전부가 아니라고 말하는 것 같다. 수백 년 전부터 이곳에서 아이를 낳고, 돈을 벌고, 식사하는 발리인의 공간임을 외치며 시위하는 듯하다. 분명 회전 교차로를 이동하는 방법이 있을 테지만, 자동차와 오토바이는 규칙을 지키는 운전자에게는 차선을 내어 줄 생각이 없어 보인다. 그 옆은 낭만에 들뜬 여행객의 푼돈을 얻고 싶은 사람으로 가득하다.

공항 인근의 혼란함을 벗어난 후 1시간 남짓 이동한 끝에 덴파사르에 도착했다. 공항에 마중을 나온 아리의 아들 오데와 인드라는 외국에서 도착한 아버지의 친구를 자신의 친구처럼 대했다. 어색함이라는 단어가 발리어에 원래부터 존재하지 않는 것처럼 친근한 태도였다. 어디에서 무엇을 먹을지 선택은 언제나 아이들의 몫이고, 우리 일행의 행선지 역시 최연소자인 인드라의 선택에 달려 있었다. 인드라는 여느 초등학생처럼 아빠와 형이 제시하는 식당 후보마다 투정을 부렸고, 아리는 막내의 의견을 받아들여서 흥겨운 음악이 나오는 대형 식당으로 향했다.

10여 명은 족히 앉을 수 있는 긴 테이블이 쭉 깔려 있는 식당이었다. 1층과 2층을 합쳐 100명이 넘는 손님에게 음식을 내놓을 수 있는 규모였다. 최신 팝송이 흘러나오는 공간에서 종업원 10여 명이 미소 띤 얼굴로 손님을 반겨 주었다. 그들은 미국의 레스토랑 체인점인 후터스의 종업원과 전혀 다른 유니폼을 입었지만, 비슷한 친절함과 활달함으로 무장한 채로 서 있었다. 자리를 안내한 종업원은 코팅된 종이 메뉴판을 건넸다.

메뉴판은 애피타이저 한 장, 메인 메뉴 세 장, 후식 메뉴 한 장, 음료

메뉴 한 장으로 총 여섯 장이었다. 제일 먼저 선택할 것은 음료다. 세상 모든 열대 과일을 갈아서 음료로 만들어 버리겠다는 자신감이 메뉴에서 엿보인다. 망고, 파파야, 바나나, 수박, 구아바, 키위, 딸기 등을 얼음과 간 주스 메뉴가 있다. 원하는 조합대로 수십 가지의 과일 주스가 이곳에서 만들어진다. 수많은 손님이 내뱉는 인도네시아어와 발리어 대화, 접시와 포크가 부딪치는 소리, 아이들의 울음소리가 공간을 메워 알아차리기 쉽지 않지만, 식당 한쪽에서는 믹서기 여러 대가 과일과 얼음을 갈아 내고 있다. 종업원 근처에는 온대 지역 사람이면 본 적도 없는 여러 종류의 바나나와 줄기 하나에 서너 개씩 붙은 코코넛이 있다.

종업원은 능숙한 손놀림으로 코코넛 위쪽을 칼로 도려내 뚜껑을 만들었고, 숟가락과 빨대를 찰랑이는 코코넛 워터에 꽂아 넣는다. 관광객이면 사진을 찍어 SNS에 '난 지금 발리', '발리에서 맛보는 코코넛 워터'라고 해시태그를 달 법했다. 아리에게 "저기 종업원 옆에 있는 코코넛도 주문해 줘."라고 부탁했다. 아리는 "맥주도 하나 주문할게."라며 종업원에게 여러 종류의 음료를 주문했다. 메뉴판을 이러저리 둘러본 우리는 각자 먹고 싶은 메인 요리를 하나씩 골랐고, 아이들은 얼음을 갈아 과일을 얹고 시럽을 듬뿍 뿌린 에스텔레esteler를 추가로 주문했다.

이윽고 음료가 나왔다. 끌라파 무다kelapa muda, 즉 코코넛이 나왔고 더운 발리의 밤을 청량한 코코넛 워터가 해소해 줄 것으로 기대했

온갖 열대과일이 펼쳐져 있다

다. 빨대로 쭉 빨아들이는 순간 시원함과는 거리가 먼 맹숭맹숭한 맛이 입안에 가득 찼다. 시중에 판매되는 코코넛 음료와 전혀 다른 맛과 온도였다. 외국인이라고 상태가 좋지 않은 코코넛을 준 것 아닌가 하는 의심이 들었다. 몇 모금을 더 마신 후 시원한 맥주가 나오자 자연스럽게 맥주로 텁텁해진 입을 헹구었다. 아리는 내가 코코넛을 먹지 않으니 자신이 먹는다고 하면서 코코넛을 가져갔다. 빨대와 함께 있던 수저를 들어 코코넛 열매 안쪽을 긁더니 하얀 과육을 꺼내 먹었다. "코코넛 워터는 몸에 좋은데, 이 과육은 많이 먹으면 살쪄서 조금만 먹어야 해." 아리가 자신의 불룩한 윗배를 만지면서 이야기했다.

테이블 한쪽에 후추, 소금과 함께 끄루푹krupuk 과자 봉지가 있었다. 생긴 것만 보면 흡사 맥주 안주 같지만, 인도네시아인에게 끄루푹은 메인이 나오기 전에 입가심으로 먹거나 밥과 함께 곁들여 먹는 음식이다. 끄루푹을 좋아하는 아리네 가족은 메인 요리가 나오기도 전에 과자를 네 봉지째 뜯었고, 맥주 안주가 필요한 나 역시 덩달아 그들에게 합류했다. 이윽고 메인 요리가 나왔다. 인도네시아 꼬치 요리인 사떼sate, 인도네시아식 볶음밥과 볶음면인 나시고렝과 미고렝, 완자가 있는 국물 요리인 박소bakso, 이름 그대로 소꼬리 수프인 숩 분뜻sup buntut이 테이블에 놓였다. 닭고기 사떼에는 땅콩 소스가 곁들여 나왔고, 나시고렝과 미고렝에는 고추, 양파, 마늘을 베이스로 만든 인도네시아식 양념장 삼발이 함께 나왔다. 삼발은 동남아시아 식당이나

슈퍼에서 쉽게 접할 수 있는 자극적인 소스다. 병에 닭, 고추, 손맛이 좋을 것 같은 중년 여성이 그려져 있는 칠리소스의 매운맛과는 조금은 다르다.

공장에서 생산된 삼발도 있지만, 각 가정에서 생선, 고기, 야채 등 재료를 다르게 해 튀기고, 굽고, 삶아 다양하게 만든 수백, 수천 가지의 삼발이 있다. 발리인마다 자신만의 비밀스러운 제조법이 있다거나, 60여 가지의 삼발을 제공하는 식당이 현지 주민에게 선풍적인 인기를 끌기도 한다. 메인 요리와 함께 나오는 삼발 외에도 아리는 발리

전통 삼발 중 하나인 삼발 마따sambal matah를 추가로 주문했다. 빨간 양념이 아닌 코코넛 오일, 라임, 설탕, 소금을 샬롯, 고추, 레몬그라스 줄기와 함께 버무린 후 며칠간 숙성한 삼발이다. 주로 생선 요리에 나오는 삼발이지만 닭튀김이나 돼지고기 요리에도 제법 잘 어울린다. 인도네시아인의 마음을 빼앗은 한국의 불닭볶음면처럼 화끈한 매운맛을 자랑하는 삼발도 있다. 대체로 삼발의 맛은 짠맛, 단맛, 신맛, 쓴맛이 아닌 감칠맛에 가깝다.

    튀김 요리가 많은 식문화 때문인지 삼발은 인도네시아인의 식탁에서 빠질 수 없는 양념이 되었다. 편리하게 맛을 내기 위해, 즉 감칠맛을 극대화하기 위해 인공조미료 사용량도 점차 증가했다. 사탕수수 생산량이 많은 인도네시아에 한국, 대만, 일본 기업이 일찍이 현지 공장을 건설해 사탕수수를 발효시켜 MSG를 생산하고 있다. 품질 좋은 사탕수수가 생산되는 지역에 해외직접투자 형식으로 공장을 건설한 것이지만, 40년이 넘는 시간을 지나오면서 해외 기업은 어느새 인도네시아 현지 기업이 되었다. 자국에서 생산되는 제품인 데다 미각에 스며드는 감칠맛을 편하게 낼 수 있고, 튀김 요리가 많은 식문화 특징에 잘 맞기에, 인도네시아는 어느새 세계 최대의 MSG 소비국이 되었다. 전통 양념인 삼발을 만들 때도 MSG 한 꼬집이 들어가기도 한다.

특히 대나무로 짠 소쿠리에 바나나 잎을 깔고 흰쌀밥을 올린 나시 바꿀nasi bakul이 인상 깊었다. 3~4인분의 쌀밥이 소쿠리에 들어 있고 그 위로 주걱이 꽂혀 있다. 서로 밥을 권하고 나누는 상황이 연출된다. 나시 바꿀은 발리인에게 쌀밥이 주식임을 보여 준다. 먹고 싶은 만큼 밥을 접시에 담고 중앙에 있는 닭과 생선, 소꼬리도 담는다. 밥과 반찬 위에 삼발을 올리면 꽤 훌륭한 요리가 탄생한다. 개인 숟가락과 포크가 제공되지 않았고 우리는 스텐 그릇의 물에 오른손, 실제로는 엄지, 검지, 중지를 씻은 후 손가락을 이용해 밥을 먹기 시작했다. 흩어져 있는 밥을 한데 모아 반찬을 그 위에 올리고 손가락 3개로 입에 음식을 밀어 넣었다. 예전 자카르타에서 현지 조사를 할 때부터 손으로 밥을 먹는 연습을 해 보았지만, 여전히 미숙했다. 이렇게 먹는 것이 더 맛있다는 친구들의 의견에 동조할 수도 없었다.

　이슬람이 국교는 아니지만 인구의 절대다수가 무슬림인 인도네시아에서는 술에 꽤 많은 세금이 붙는다. 따라서 동남아시아는 물가가 저렴하다는 인식과 달리 맥주가 포함된 첫 저녁 식사비는 상당히 많이 나왔다. 종업원은 우리가 먹은 음료와 음식을 일일이 다시 확인했고, 이를 종이에 정성스럽게 적었다. 이후 종이는 계산을 하는 또 다른 종업원에게 건네졌고, 그 종업원은 포스기에 우리가 먹었던 음식을 다시 입력했다. 그 과정이 지루했지만 손님에게 정확한 음식값을 받지 않을 시 종업원에게 발생하는 페널티를 알기에 계산대 옆에 있는 세면대에서 손을 씻으면서 차분히 기다렸다.

　이후 본격적인 현지 조사가 시작되고 우붓의 한 식당에서 우연히 고등학교를 막 졸업한 19세의 여성 종업원과 대화를 나눌 일이 있었다. 어린 나이 때문인지, 경험의 부족 때문인지 아니면 점주의 욕심 때문인지 알 수 없지만, 종업원은 3개월 수습 기간을 보내고 있었다. 당시 내 관심사가 현지 주민의 임금이었기에 무례한 질문이었지만 급여를 물어보게 되었다. 종업원이라고 호칭하기에도 너무 어린 학생이 받는 월급은 내가 발리에 도착한 첫날 4명이 먹은 술과 음식값과 얼추 비슷했다. 물론 수습 기간이 끝나고 종업원의 월급은 이전 3개월에 비해 2배 상승했다. 그럼에도 관광업의 발전이 현지 주민에게 과연 긍정적인지 여러 질문을 파생시켰다. 다행인 건지 첫날 식사는 발리에서 현지 조사를 하면서 먹었던 수많은 식사 중 가장 많은 돈을 지불한 것이었다.

무엇을, 어떤 방식으로 요리하고 먹어야 할까? 어린 아들과 발리로 향하는 우리 부부에게 양가 부모님이 걱정한 부분 중 하나였다. 조사를 열심히 하고 좋은 논문을 작성하는 것은 부모님에게 그다지 중요한 일이 아니었다. 이제 막 태어난 손자가 열대의 나라, 그것도 자신들이 생각하기에 경제적 수준이 낮은 나라에서 잘 지낼지, 무엇을 먹을지 걱정을 안 할 수가 없었다. 우리 부부 역시 여전히 분유를 먹고, 아마 조사 중간에는 이유식을 시작해야 하는 아이에게 어떤 것을 먹여야 할지 막막하기는 마찬가지였다. 엄마와 아빠가 가난한 대학원생인 것을 알 리가 없던 아들은 매주 두 통의 분유를 깔끔하게 비워냈다.

발리에 도착했을 때 기존에 먹었던 분유가 네 통이 있었다. 즉 최대 14일 안에 설사나 구토 증상 없이 발리에서 손쉽게 구할 수 있는 분유로 적응해야 했다. 인도네시아는 더운 날씨, 열악한 낙농업 환경과 냉장 유통망으로 좋은 품질의 유제품을 구하기 쉽지 않다. 고품질 우유는 대부분 수입에 의존하는데, 현지에서 생산하는 우유에 비해 비싼 편이다. 영유아가 먹는 분유 역시 비슷하다. 낙농 선진국인 네덜란드, 독일, 미국 그리고 지리적으로 인접한 호주와 뉴질랜드에서 우유와 분유를 수입한다. 현지에서 생산된 분유에 비해 수입 분유는 3~4배 비싼 가격이었고, 또한 우붓의 슈퍼마켓에서는 구매할 수 있는 수량이 적어서 대체로 덴파사르의 큰 슈퍼마켓에 가야 했다.

다행히 수입 분유가 한국에서 먹었던 분유보다 절반 가격인 점은 가난한 학생 부부에게 한 줄기 빛과 같았다. 유럽이나 북미에서 수입한 완제품이 아닌 인도네시아나 동남아시아 공장에서 생산한 제품이어서 상대적으로 가격이 저렴했다. 고맙게도 아이는 큰 탈 없이 네덜란드 회사의 분유를 맛있게 먹어 주었다. 이유식 역시 발리에서 생산하는 품질 좋은 쌀이 훌륭한 재료가 되었다. 특히 아이가 집 뒤편 나무에 열린 파파야를 신기해했다. 간식으로 먹어도 되는지 뿌뚜에게 물어봤고, 뿌뚜는 문제없다고 확인해 주었다. 파파야는 과일 크기에 비해 매우 저렴하다. 발리의 특산품 중 하나인 그린 망고에 비해 가격이 5분의 1 수준이어서 파파야를 잘 먹는 아이가 고맙기도 했다. 아내와 뿌뚜, 마을 주민의 따뜻한 보살핌과 시선 덕분인지 아이는 발리에서 건강하게 성장해 주었다.

언제 끝날지 알지 못하는 현지 조사의 특성상 끼니마다 먹고 싶은 음식을 무한정 사 먹을 수는 없었다. 밥솥과 쌀을 구매했고 반찬을 만들 식재료도 샀다. 한국인의 식탁에서 빠질 수 없는 김치는 조사 초기에는 일본인 시장에서 사 먹었다. 그러다가 구매 비용이 점차 부담되어서 결국 아내는 한국에서도 시도하지 않았던 김장을 결심했다. 김치 재료를 구하기 위해서 오토바이를 타고 20여 킬로미터는 떨어진 기안야르의 슈퍼마켓을 찾아갔다. 우붓의 슈퍼마켓은 방문자 절반 이상이 관광객이기에 가격이 저렴하지 않았고 원하는 재료가 없는 경우도 있었다. 이에 비해 현지 주민이 방문하는 전통 시장과 슈퍼마켓은 가격이 저렴했고 김치에 들어갈 속 재료를 구하기 수월했다. 뉴꾸닝 표 김치가 만들어진 후 우리 부부는 김치찌개, 김치볶음밥, 김치볶음, 두부김치 등 세상의 모든 김치 요리를 해 먹었다.

기분 전환이 필요하거나 밥을 해 먹기 싫은 날에는 마을 식당에 갔다. 우붓 중심부 식당은 음식값에 세금 10%와 서비스 비용 10%를 추가해서 받았다. 인도네시아는 소비세가 있고 대부분 음식 가격에 포함된다. 현지인이 아닌 관광객을 대상으로 하기에 음식 가격에 20%의 부대비용이 붙는 것은 장기간 거주하는 외국인에게 부담이다. 따라서 거주 외국인은 현지인을 대상으로 하는 식당, 즉 20%의 추가 비용이 붙지 않는 식당을 자연스럽게 선호한다. 뉴꾸닝 마을에도 여러 종류의 식당이 있었다. 우리 부부가 주로 방문했던 식당은 사나 아저씨 가족이 운영하는 포쪽 와룽Pojok Warung이었다. 인도네시아어로 2개의 길이 만나는 지점의 모서리인 포쪽의 의미처럼, 식당은 뉴꾸닝 마을의 정중앙에 위치했다.

이곳에서 나시고렝, 미고렝, 사떼, 생선 구이인 이깐 바까르, 공심채인 깡꿍, 인도네시아식 샐러드 가도가도 등 인도네시아를 대표하는 음식은 거의 모두 먹을 수 있었다. 요리 시간이 제법 걸리는 소꼬리 수프 솝 분뜻과 볏짚으로 구운 오리 요리 베벡 베뚜뚜가 메뉴에 있었지만, 실제 파는지는 의문이었다. 나시고렝이 1만 5,000루피아고, 거기에 계란과 고기를 좀 더 넣은 나시고렝 스페셜은 2만 루피아였다. 음식 가격이 대부분 2만 루피아 정도이고, 여기에 열대 과일을 갈아 만든 1만 5,000루피아의 생과일 주스는 최고의 외식 메뉴였다. 또한 인도네시아는 음식 포장 전문가들이 모여 있는 나라였다. 종이로 온갖 음식을 포장해 주었다. 국물 요리 역시 비닐봉지에 담아 국물이 흐르지 않게 포장해 오토바이를 타고 이동해도 괜찮았다.

수백 개의 종족으로 구성된 인도네시아에서 발리인을 다른 종족과 구별할 수 있는 특징 중 하나는 종교적 차이다. 힌두교를 믿는 발리인은 인도네시아의 주류 종교인 이슬람과 다양한 사회적, 문화적 차이를 보인다. 특히 음식 문화에서 돼지고기 소비는 발리인과 다른 종족을 구분하는 가장 큰 차이점이다. 발리인은 정말로 다양한 돼지고기 요리를 먹는다. 자바인이 나시고렝과 미고렝의 재료로 닭고기와 염소 고기를 넣는 것과 달리 발리인은 돼지고기를 넣은 것을 선호한다. 아마도 돼지고기를 넣은 요리 중 발리인이 가장 선호하는 음식이 바비굴링일 것이다. 돼지를 뜻하는 '바비'와 무언가를 굴린다는 의미인 '굴링'이 합쳐져 음식명이 만들어졌다.

과거에 바비굴링은 의례나 축제 때 먹었던 새끼 돼지 요리였다. 시간이 지나며 점차 일상적으로 먹는 요리로 바뀌었고, 관련 식당들은 무게가 100킬로그램에 가까운 돼지를 요리해 손님에게 제공한다.

굽기 전 돼지 껍질을 강황으로 문지르고 고수, 레몬그라스, 샬롯, 갈랑갈, 칠리, 마늘, 새우 페이스트를 혼합해 만든 향신료를 뱃속에 넣는다. 돼지의 입과 꼬리를 긴 막대기에 꽂은 후 계속 돌려 주면서 직화로 굽는다. 크기에 따라, 조리 방식에 따라 6시간에서 10시간 정도

구워 낸 후 껍질과 살을 분리한다. 고기를 굽기 전 돼지 내장 일부는 피를 넣어 소시지처럼 만들기도 하고 일부 내장은 기름에 바싹하게 튀겨 낸다. 뼈와 살의 일부는 국물 요리로 만든다.

뉴꾸닝 마을에는 허름하지만 맛은 최고인 바비 굴링 식당이 있었다. 아마 우리 부부를 제외하고 관광객이 거의 방문하지 않았을 이곳은 간판과 메뉴판이 없다. 운영 시간은 오전 11시부터 오후 3시까지고, 실제로는 오후 2시 전후면 그날 준비한 돼지고기가 다 팔려 문을 닫는다. 손님이 가게에 들어가서 자리를 잡고 1만 5,000루피아나 2만 루피아짜리 바비 굴링을 주문한다. 인도네시아 국민 음료인 재스민 차 떼 보똘teh botol, 콜라, 물도 추가한다. 주문을 받은 주인장은 일단 밥을 접시에 담은 후 돼지고기, 기름에 튀긴 내장과 순대를 두세 조각씩 올린다. 양념한 채소도 조금 올리고 고기와 뼈로 만든 걸쭉한 특제 소스를 밥과 고기에 끼얹는다. 노동에 지친 건설 현장 인부도 단백질과 탄수화물이 조화된 이 음식을 먹고 난 후 다시 힘을 충전해 노동 현장으로 돌아간다.

먹고 살아야 했기에 무언가를 주문하고, 얼마인지 묻고, 이를 지불하는 데 필요한 인도네시아어 실력은 매우 빠르게 늘었다. 하지만 뉴꾸닝 마을의 바비 굴링 가게에서는 통하지 않았다. 주문을 하는 것부터 시작해서 돼지의 특정 부위를 더 달라고 하거나 소스를 많이, 적게 달라고 하는 등의 모든 의사소통이 인도네시아어가 아닌 발리어로 이루어졌기 때문이다. 인심 좋은 주인아주머니는 돼지의 여러 내장 요

바비 굴링

리를 평생 발리어로만 불렀다. 점심 한나절 바쁘게 장사하다 보면 거의 손가락으로만 숫자를 표시하면서 음식을 주문하고 내주었기에 외국인에게 어떻게 주문해야 하는지 알려 줄 시간이 없었다.

우리 가족, 가끔씩 우리 집을 방문했던 발리 친구, 한국인 손님에게 뉴꾸닝의 허름한 가게에서 판매하는 바비 굴링은 호평을 받았다. 다들 여행 책, 블로그, SNS에 소개된 우붓 시내의 유명 식당보다 훌륭하다고 평가했다. 특히 음식 가격이 그곳에 비해 거의 5분의 1로 저렴했다. 물론 가게 외관이 너무 허름하고 외국인 입장에서 위생 문제를 걱정할 수 있다. 그래서 나는 집에 손님이 방문할 경우 1인분에 1만 5,000루피아짜리 바비 굴링을 포장 주문하고, 주인에게 3만 루피아를 더 지불한 후 고기와 껍질을 추가로 받아왔다.

발리인의 주식은 여느 아시아인들처럼 쌀밥이다. 한국에서 '날아다니는 쌀' 또는 옛 베트남 지방의 이름인 안남에서 생산된 쌀이라는 의미인 '안남미'라고 부르는 인디카 품종이 있다. 끈기가 적기 때문에 볶음 요리에 적당하다. 동남아시아, 남아시아, 중동 지역의 여러 국가에서 인디카 쌀을 주식으로 먹는다. 이에 반해 한국, 일본, 중국, 대만 등 동북아시아 지역은 찰기가 있는 자포니카 품종을 주로 먹는다. 우리가 아는 기존의 상식과 달리 발리는 자포니카 생산 비율이 높고 선호하기에 찰기가 있는 흰쌀밥이 기본이다. 흰쌀밥을 의미하는 나시 뿌띠nasi putih를 여러 반찬과 함께 먹는 것이 일반적이다.

나시고렝과 미고렝이 외국인에게 잘 알려졌고 인도네시아인의 일상 음식이기도 하지만, 실제 발리 주민에게 좀 더 친근한 음식은 밥과 반찬 그리고 삼발 양념이 한 접시에 펼쳐져 있는 나시 짬뿌르nasi campur다. 밥을 의미하는 '나시'와 무언가를 섞는다를 의미하는 '짬뿌르'가 단어 그대로 표현된 음식이다. 발리에서는 2단이나 3단으로 유리 진열대를 제작한 후 여러 반찬과 삼발을 전시해 놓는다. 손님이 식당을 방문해 몇 가지 반찬을 고르면 주인은 접시에 나시 뿌띠를 담은 후 손님이 선택한 반찬을 담는다. 삼발이나 반찬에 있는 국물을 밥 주

나시 짬뿌르

위에 끼얹어서 감칠맛을 더한다.

　적당한 끈기가 있는 나시 뿌띠는 우리 가족의 주식이 되었다. 집 앞
편의점에서 산 라면과 식당에서 산 나시 뿌띠는 훌륭한 한 끼 식사가
되었다. 참치 캔 하나, 김치를 곁들인 나시 뿌띠도 자주 먹었다. 나시
짬뿌르를 파는 전문점에 가서 반찬과 나시 뿌띠를 따로 구매해 나만
의 방식대로 식사를 해결했다. 부모님의 걱정과 달리 먹는 문제가 현
지 조사에 큰 지장을 주지 않았다. 도리어 동네 주민이 가져다준 바나
나, 코코넛, 파파야, 살락 등 열대 과일을 버리지 않고 다 먹는 것이 힘

들 지경이었다. 동네 주민이 집 뒤편 아파트 3층 높이의 코코넛 나무에 올라가 코코넛을 따 주기도 했다. 코코넛 워터의 신선함과 과육의 맛은 여전히 생각난다. 한국에서는 접하지 못했던 다양한 바나나도 먹었다. 특히 '신선한' 바나나의 맛이 무엇인지 알 수 있었다.

한 가지 아쉬운 점은, 향신료로 다양한 역사적 부흥과 부침을 겪어 온 인도네시아에서 정작 음식 조리에 다양한 향신료를 충분히 활용하지 못한 것이다. '향기 나는 식물'인 향신료는 식물의 씨앗, 열매, 뿌리, 줄기, 꽃, 나무껍질을 말려서 만든다. 시나몬, 정향, 후추, 육두구, 고추 등의 향신료는 전 세계인의 음식에 맛과 향을 더했다. 하지만 현지 조사 기간 먹었던 음식에 들어간 향신료는 김치를 담갔을 때 사용한 고추와 마늘, 가끔 돼지고기에 뿌려 먹었던 후추가 전부였다. 16세기 포르투갈, 네덜란드, 영국이 점령했던 말루쿠 군도에서 생산된, 한때는 황금보다 비쌌던 정향, 육두구, 메이스를 음식에 활용하지 못한 것이 아쉬움으로 남는다.

6

예술가들이
모여드는
'진짜 발리'의
탄생

짧은 여행 동안 다양한 액티비티를 즐기고 휴식을 취할 시간도 부족할 것 같지만, 우붓은 지역 규모에 비해 서점이 많다. 아무래도 장기 거주하는 외국인이 많기에 다양한 읽을거리를 찾는 수요가 있기 때문이다. 특히 코끼리 머리를 한 지혜와 행운의 신인 가네샤Ganesah 이름을 붙인 '가네샤 서점'은 그 이름처럼 대략 40년 세월 동안 우두커니 우붓의 한 공간을 지켰다. "이 책은 할인이 되나요?" 클리퍼드 기어츠의 책인『문화의 해석』의 초판본을 가리키면서 물었다. "책에 붙어 있는 가격표대로 받아요." 상냥한 미소를 짓지만 단호한 어투로 점원이 대답했다. 아쉬움을 남긴 채 책을 내려놓고 다른 책들을 살펴봤다.

가네샤 서점은 인도네시아의 역사, 정치, 예술, 문화와 관련된 책을 판매한다. 시중에서 구하기 힘든 절판된 책이 많아 책 욕심 많은 연구자의 호기심을 자극한다. 물론 소유하고 싶은 욕망에 가격도 비례하기에, 침만 꼴깍 삼킬 수밖에 없다. 100여 년 전부터 시작된 발리 관광의 오랜 역사만큼, 발리는 인도네시아 다른 어느 지역보다 전 세계인에게 잘 알려졌다. 더불어 학계에서도 상당한 연구가 진척되어서 지역의 역사와 문화에 대한 기초적인 조사와 여러 시각이 존재한다. 물론 발리인의 종교적 의례의 복잡성으로 의례의 요건과 진행 등 아주 사소한 것까지는 알지 못했다고 기어츠는 술회한다.[2]

발리와 관련된 다양한 자료가 있지만 인구가 800여 명인 작은 마을의 역사가 체계적으로 기록되지는 않았다. 뉴꾸닝 마을의 역사를 알기 위해 여러 주민과 이야기를 나누었어도 대부분 신통치 않은 대답이 전부였다. "별일 없이 잘 살아왔죠." "그냥 할아버지 때부터 마을에 살았어요." "역사가 100년은 되었을걸요." "원래 옆 마을인 싱아꺼르따 소속이었는데 인구가 늘어나면서 분리했어요." 등 사실과 허구를 넘나드는 대답의 연속이었다. 도리어 마을의 브데사인 끄뜻이 마을 역사를 제법 상세히 말해 주었다. 물론 마을 내에서의 정치적 입지를 고려해야 하고 외국인 학자에게 마을의 위상을 높여야 한다는 생각 때문에 과장이 조금 섞인 것을 금방 알 수 있었다. 특히 주변 마을과의 관계나 비교에 있어서 과도하게 뉴꾸닝이 '잘사는', '괜찮은', '다른 마을이 부러워하는' 마을임을 강조했다. 이를 보완하기 위해 마을 사람들에게 여러 정보를 상호 교차하는 방식으로 질문했고, 때로는 다른 마을 주민에게도 뉴꾸닝에 대해 물었다.

뉴꾸닝 마을의 역사는 인근의 우붓과 밀접하게 관련되기에 이 지역의 역사 이야기가 우선되어야 한다. 우리가 발리섬을 상상할 때 사원에 제물을 올리는 여성이나 해발 3,000미터 이상의 화산이 쉽게 떠오르지는 않는다. 넓게 펼쳐진 모래사장과 눈이 시릴 만큼 푸른 바다가 먼저 연상될 것이다. 한국, 중국, 일본 등 동북아 지역에서 비행기를 타고 대략 7시간, 북미나 유럽 지역에서는 20시간을 이동했다면 해변을 바라보고 들이켜는 시원한 맥주 한잔을 기대할 것이다. 관광객의 복장 역시 화려한 하와이안 셔츠와 반바지를 입고 맨발에 플립플롭스 flip-flops 를 신고 있다.

여러 매체에서 발표하는 세계 관광지 순위에서 발리는 거의 매년 최상위에 오른다. 오랜 세월 간직한 역사 유적, 아름다운 자연, 훌륭한 관광시설을 가진 지역이 대체로 높은 순위를 차지하는 것이다. 하와이안 티셔츠를 입고 발리 공항에 도착한 관광객들 역시 이 섬이 가진 풍부한 자연경관을 마음껏 만끽하기를 기대할 것이다. 하지만 발리 남부의 유명 해변인 꾸따, 사누르, 누사두아 지역은 완벽한 바닷가를 기대하는 관광객에게 뭔가 부족한 느낌을 준다. 잔잔한 바다보다는 서핑에 어울리는 높은 파도, 바닷속 물고기가 보이는 푸른빛 물이 아닌 짙은 갈색의 평범한 바다 때문이다.

기대보다는 실망이 앞서겠지만 발리는 근 100년 전부터 현재까지 전 세계 관광객에게 '꿈의 섬'이었다. 그 이유는 무엇일까? 여러 이유가 있겠지만 우붓 지역이 이를 설명하는 단서를 하나 제공한다. '관광 발리'의 시작은 1차 세계대전 이후 서구인에 의해 시작되었다. 전쟁이 가져온 참상과 현대 문명에 대한 비판 의식이 팽배한 상황에서 '진짜'를 찾는 사회적 분위기가 조성되었다. 전쟁 이전을 복구하고 싶어 향수를 찾는 과정에서 발리섬처럼 개발되지 않은 지역이 주목받게 되었다. 당시 네덜란드 식민당국은 발리섬에 '에덴의 가든', '진짜'라는 이미지를 부여했고, '관광 발리'는 '진짜 발리'라는 이미지로 관광객에게 홍보되었다.

'관광 발리'의 성공은 네덜란드와 관광 회사의 노력이라는 대외적인 요인이 있기는 하지만 유명 예술인의 역할도 컸다. 이 지점에서 우붓이 발리 관광 역사의 전면에 등장한다. 러시아 태생의 독일인이었던 월터 스파이스Walter Spies는 화가, 작곡가, 음악가로서 문화예술 분야에서 다양한 활동을 했던 인물이다. 그는 1927년부터 우붓 지역에 정착했고, 이곳의 열대 자연이 가진 유려한 색을 화폭에 담았다. 발리인이 의례에서 행하는 다양한 음악의 소중함을 일찍이 깨달았고 이를 기록하는 데 열정을 쏟았다.

발리의 문화와 예술에 대한 스파이스의 사랑은 어쩌면 그가 전 세계의 인류학자, 음악가, 문학가를 우붓 지역으로 초대하는 동기를 제공했을 것이다. 그는 발리를 방문하는 학자와 예술가에게 어떠한 대가도 없이 발리인의 삶과 문화에 대한 다양한 정보를 제공했다. 1936년 1월 29일, 스파이스는 네덜란드 출신의 또 다른 위대한 화가였던 루돌프 보넷Rudolf Bonnet과 이들의 후원자였던 쪼꼬르데 그데 수까와띠Cokorde Gde Sukawati 왕과 함께 '위대한 빛'이라는 의미인 '피따 마하Pita Maha 예술협회'를 창립해 우붓의 예술을 알리는 데 기여했다. 힌두교에서 파생된 신화와 종교의 고전적 소재부터 현대적이고 세속적인 주제의 그림까지 다양한 작품이 협회의 후원으로 시도되고 교육되었다.

발리의 특징을 목격하고 이를 글로 알린 위대한 문학가와 학자의 역할도 주목된다. 멕시코 출생의 미구엘 코바루비아스Miguel Covarrubias는 발리 지역과 사람의 거의 모든 것을 기록한 책인『발리 섬』을 1937년 출간했다. 이 책은 발리를 방문한 관광객에게 낯설지만 호기심을 자극하는 훌륭한 여행책이었고, 이 지역을 연구하고 싶은 학자에게는 입문서로 활용되었다.

인류학자인 마거릿 미드Margaret Mead와 그의 배우자이자 인류학자인 그레고리 베이트슨Gregory Bateson 역시 1936년 결혼한 후 발리로 현지 조사를 떠났다. 이들 부부는 현지 조사를 하는 데 있어 당시에는 생소했던 사진과 영상으로 발리 문화를 기록했다. 특히 미드의 주요 연구 주제이기도 한 성격personality 형성에 있어 문화의 역할, 즉 부모와 자식 간의 상호작용에 관한 연구를 했다. 이후 베이트슨과 미드는 1942년『발리인의 성격』을 출판했다.

발리, 특히 우붓에 거주한 예술가와 학자의 다양한 그림, 음악, 책은 서구인에게 '지상 최후의 낙원', '신들의 섬' 등 낙원의 이미지를 형성하는 데 기여했다. 특히 이들이 발리에 남긴 문화예술 유산은 현재까지도 세부, 피지, 다낭처럼 훌륭한 자연경관을 가진 남국의 휴양

우붓 거리의 아트샵

지와 구별되는 지점이다. 발리는 문화예술을 함께 경험할 수 있는 지역이 되었고, 특히 '예술인의 마을'이라는 수식어를 가진 우붓이 문화예술을 체험할 수 있는 공간적 정체성을 부여받게 되었다.

발리 전통 예술은 발리인의 삶과 문화의 근간인 발리 힌두교의 전통이 담겨 있다. 장식과 묘사를 동반한 다양한 예술 작품은 무엇보다 신을 기쁘게 하는 상징으로 활용되었고, 이 과정에서 발리인의 예술적 능력과 감수성이 진작되었을 것이다. 물론 예술과 창작가가 가지는 근원적 문제는 여전했다. 즉, 생활을 위한 필수품의 생산과 멀어짐을 감수해야 했다. 따라서 예술가 뒤에는 동서고금을 막론하고 항상 믿음직한 후원자가 있었고, 발리의 고대 왕궁은 종교적 실천과 예술의 지속을 위해 예술가를 후원해 왔다. 왕궁에는 조각가, 화가, 음악가, 댄서 등이 종교 의례를 위해 상주하거나 일정한 금액을 받고 예술 활동을 했다.

네덜란드 식민 시기에도 여전히 이러한 후원 관계는 계속되었다. 당시 대표적인 후원 주체로 떠오른 건 우붓 왕족이었다. 식민지 시기 발리 지역에 산재하던 서구식 교육기관은 왕족과 귀족 등 상위 카스텔에 속한 발리인의 교육을 담당했다. 일부 발리인은 자바섬으로 넘어가 네덜란드 학교를 다녔고, 이곳에서 다른 인도네시아 귀족과 교류하면서 근대 서구식 교육을 받았다. 피따 마하 예술협회의 창립자 중 한 사람인 쪼꼬르데 그데 수까와띠 왕과 그의 두 아들은 발리인의 문화, 종교, 예술에 서구의 문명을 접목하는 데 주저함이 없었다.

당시 족자카르타에 머물던 스파이스가 우붓으로 이주한 것도 수까와띠 왕족이 적극적인 후원을 약속했기 때문이었다. 보넷은 우붓의 북쪽에 위치한 땀빡시링Tampaksiring 지역에 거주했다. 보넷의 명성을 들은 수까와띠 왕족이 그를 초대했고 그는 우붓 지역을 중심으로 예술 작품 활동을 이어 갔다. 특히 보넷은 발리 현지 예술인에게 그림과 조각과 함께 영어를 교육했다. 당시까지만 하더라도 현지 예술가들은 원근법을 작품에 적용하지 못했는데, 보넷의 교육으로 입체감과 공간감이 작품에 표현되었다.

예술 작품의 생산과 예술 교육 그리고 과거부터 상업 중심지였던 지리적 위치로 우붓은 점차 발리 예술의 중심지가 되어 갔다. 2차 세계대전이 일어나기 이전 우붓은 문화예술의 중심지였고, 이 시대를 '황금시대'라 명명했다. 찬란한 문명과 불멸의 신화라고 여겨졌던 로마와 그리스처럼 우붓의 황금시대 역시 세계대전의 발발과 함께 허무하게 끝났다. 이 황금기의 주요 인물인 스파이스는 네덜란드에 스파이로 지목되어 체포되었고, 이후 추방되는 동안에 일본군의 폭격을 맞아 사망했다.

2차 세계대전이 끝나고 네덜란드로부터 독립하는 과정에서 우붓은 과거 명성을 되찾기 위해 다양한 노력을 했다. 우선 과거와 같이 예술인을 우붓에 초대했다. 수까와띠 가문은 보넷을 다시 우붓으로 초대했고, 1956년 뿌리 루끼산 미술관Puri Lukisan Museum of Art을 개관했다. 루끼산 미술관은 대중에게 처음 공개된 발리 미술관으로 현재까지도 활발히 운영된다. 우붓 왕가의 예술인 초청은 계속되었고, 아리에 스밋Arie Smit과 안토니오 블랑코Antonio Blanco 같은 예술인의 거처를 마련해 주는 방식으로 후원을 지속했다.

내부적으로는 현지 주민이 점차 직업적 예술가로 전환되었다. 예술 교육이 지속적으로 이어지고 작가가 늘어났다. 이 과정에서 작품을 전시하고 판매하는 미술관과 소규모 상점이 우붓 곳곳에 문을 열었다. 특히 1970년대 이후 발리가 점차 대중 관광지로 변모하면서 관광객이 늘어났고, 이 과정에서 우붓은 예술인, 전통문화와 예술에 관심 있는 일부 관광객, 새로운 모험을 찾아 떠나는 히피족이 머무는 공간이 되었다. 공항에서 멀지 않은 꾸따나 누사두아 해안가 지역이 대중 관광객을 위한 공간이라면, 우붓은 발리 전통 회화, 목공예 상품, 전통 종교 의례를 경험할 수 있는 지역으로 관광객에게 인식되었다.

우붓은 발리 관광에서 독특한 위상을 정립했다. 종교에서 파생된 다양한 예술 작품을 만날 수 있는 문화적 환경, 해발 500미터에서 1,000미터에 위치한 지리적 특성, 계단식 논과 울창한 산림이 조화된 환경 덕분에 독특한 여행지로 주목받게 된다. 특히 발리 힌두 문화와 사상적 흐름을 공유하는 요가가 우붓을 중심으로 상업화 과정을 겪게 된다. 여러 국적의 사람이 요가 스튜디오를 열고 다양한 프로그램을 진행했다. 또한 이들을 대상으로 유기농 관련 상품도 함께 판매되었다.

우붓을 배경으로 한 엘리자베스 길버트Elizabeth Gilbert의 소설인 『먹고, 기도하고, 사랑하라』가 인기를 얻고, 이를 원작으로 한 동명의 영화가 큰 성공을 거두었다. 삶에 지치고 새로운 희망을 찾는 이들에게 우붓은 어쩌면 안식처이자 도피처가 될 수 있다는 기대감을 가지게 했다. 이에 더해 이곳에서 사랑하는 이를 만날 수 있다는 환상을 주었다. 우붓의 명성이 높아질수록 관광객이 급격하게 늘어났다. 특히 아시아 출신 단체 관광객이 많아지면서 과거 예술의 향기를 맡을 수 있고 고즈넉했던 여행지의 흔적은 찾기 힘들어졌다. 교통 정체가 상습적으로 일어나고 자동차 매연과 경적 소리가 관광객의 주위를 감싼다.

화장실과 샤워장을 여럿이 공유하는 인도네시아 숙박 형태인 로스맨losmen에서 배낭 하나 짊어진 여행객이 하릴없이 수개월을 거주했던 낭만은 사라진 지 오래다. 하룻밤 숙박비가 1,000달러에 이르는 최고급 리조트와 대규모 객실을 보유한 호텔이 그 자리를 대체했다. 포크나 수저도 없이 길거리에 서서 1~2달러 내외의 식사를 했던 히피들은 기억이 나지도 않을 만큼 먼 과거가 되었다. 논에서 모내기하고 망고를 따던 농부가 취미로 그린 멋진 그림을 보기도 쉽지 않다. 일부 농부는 예술가가 되었지만, 대부분의 농부는 논을 헐값에 팔고 관광업 종사자가 되었다.

7

Bali, Indonesia

노란 코코넛
마을의
역사를
찾아서

현지 조사를 진행하다 보면 심마니가 산삼을 발견한 것처럼 황홀한 순간이 있다. 정부 또는 지방 정부가 일찍이 국민을 통제했던 국민국가는 각 지역의 역사를 활자로 잘 정리해 두었다. 세세한 목적은 다양하겠지만 무엇보다 역사를 통해 민족의 정체성을 확고히 하려는 의도였다. 최근 들어 규모가 작은 지역과 마을의 역사를 복원하려는 시도가 있다. 기록되지 않은 역사를 복원해 지역의 문화적 정체성과 공동체 의식을 고양하려는 것이다.

한 지역의 역사를 복원하는 과정에서 과거 사람들이 기록해 두었던 문서가 발견된다면 어떤 기분일까? 논문을 작성하는 연구자에게는 마치 황금 상자 같을 것이다. 공신력이 상당한 레퍼런스이자 많은 수고를 덜어 줄 보물이니까. 물론 역사학자를 포함해 인류학자는 이 기록의 출처, 집필자의 의도, 연구의 목적을 함께 고려해서 조심스럽게 활용할 필요가 있다. 더욱이 마을의 역사는 교차 검증이 어렵기 때문에 문헌 자료로 활용할 때 신중을 기해야 한다. 좋은 의도를 가지고 시작한 마을의 역사 복원 작업이 의도치 않게 역사 오류와 왜곡을 일으키기 때문이다.

인류학 현지 조사의 방법론에 ABC 순서가 있으면 좋겠지만 그건 거의 불가능하다. 인간과 공동체의 문화를 복원하고 이해하는 과정에서 주요 연구 대상인 사람이 연구자의 생각대로 항상 준비되어 있는 개체가 아니기 때문이다. 따라서 인류학자의 현지 조사에서 참여관찰이라는 방법론이 활용되는 것이다. '참여'라는 행위를 통해 연구 대상자와 동질성을 획득하고, 연구에 직접적으로 관여하고, 연구에 몰입할 수 있는 것이다.

현지 조사에 순서가 없다지만 지역과 공동체 역사를 검토하는 일이 가장 우선시된다. 여행을 떠나기 전 지도를 보는 것처럼 길을 잃어버리지 않기 위한 방법 중 하나가 역사를 검토하는 것이다. 과거의 기록이 발견된다면 그야말로 황금 상자를 얻는 것이겠지만, 나는 뉴꾸닝 마을의 황금 상자를 발견할 수는 없었다. 물론 누군가의 집이나 대학 도서관에 보물이 숨겨져 있을 수도 있지만 결국 찾지 못했다.

내 논문에는 문헌 자료 수집과 관련해서 이렇게 기록되어 있다. "문헌 자료 수집은 크게 두 가지 방향으로 진행했다. 우선 공식적으로 발행된 서적과 논문 등 한국에서 구하기 힘든 자료를 중심으로 문헌 자료를 수집했다. 우다야나 대학의 인류학과나 발리 지역에서 발행된 우붓, 뉴꾸닝, 생태관광, 문화관광을 주제어로 한 논문을 검토했다. 뉴꾸닝 마을에서 발행한 책자 등은 마을 역사와 현재 상황을 분석하는 데 유용했다."

다만 지금도 아쉬운 것 중 하나는 발리어로 작성된 문헌 자료를 검토하지 못한 것이다. 현지 조사 초기에 발리어 공부를 시도했지만 언어 습득 능력이 상당히 부족한 내게 발리어를 배우는 것은 좌절의 연속이었다. 다행히 인도네시아어로 작성된 우붓의 역사 관련 자료에서 뉴꾸닝에 관한 이야기를 찾을 수 있었지만, 대부분 우붓이 만들어지는 과정에서 주변에는 이런저런 마을이 있었다 하는 정도였다.

뉴꾸닝 마을의 역사를 알아야 했다. 누구에게 '믿을 수 있는' 답을 들을 수 있을까? 마을의 븐데사를 만나서 물어볼까? 만약 마을의 역사가 길면 언제부터 서술해야 할까? 근본적인 질문이 떠올랐다. 늘 그러듯 직접 부딪쳐 볼 수밖에 없었다. 집주인인 와얀에게 마을 역사를 물었다.

마침 와얀은 돌아가신 조상과 신이 지상에 방문하는 것을 축하하는 날인 갈룽안 의례 준비를 위해 대나무 한쪽은 돌로 고정하고 다른 한쪽을 아들과 구부리고 있었다. "마을이 언제 생겼는지 알고 싶어요." 내가 물었다. "기다려 봐요. 이것만 마저 구부리고 고정한 다음에 말해 줄게요." 짧게 대답한 와얀은 옆에 있는 아들과 있는 힘을 다해 대나무를 구부렸다. 땀이 송골송골 맺혔지만 웃음 띤 와얀의 얼굴에 만족스러움이 묻어났다. "갈룽안 행사 때 집 앞에 세워 둘 거예요. 제법 길고 굵은 대나무를 골랐더니 너무 뻑뻑해서 잘 구부러지지 않네요."

마을 사람들이 갈룽안을 준비하며 마을의 중요 사안을 논의하고 있다

"그렇군요. 갈룽안이 언제부터 시작이죠?" 내가 물었다. "10일 정도 남았으니 오늘부터 돌로 잘 고정해 두면 며칠 뒤에는 잘 구부러져 있을 거예요." 갈룽안과 관련된 대화가 그 뒤로도 몇십 분은 오갔다. 와얀은 대나무를 꾸밀 바나나 잎이며 코코넛을 손질하면서 각각의 쓰임새를 이야기해 주었다.

"아까 내가 물어봤던 거 있잖아요. 마을의 역사를 말해 줄 수 있을까요?" 내가 물었다. "아, 그건 저도 잘 몰라요. 뭐 지금도 마을 규모가 작지만 저 어린 시절에는 더욱 작아서요. 맨날 옆 동네 친구들에게 놀림만 받았죠." "마을 역사는 우리 아버지같이 나이 많은 어르신이나 아니면 븐데사가 잘 알 거예요. 븐데사가 공부도 많이 하고 마을에 관심도 많으니 알 것 같은데요." 와얀은 그렇게 말하고 손에 있는 먼지를 털면서 집 안으로 들어갔다. 그의 뒷모습에 대고 "나중에 옆 동네 친구들에게 놀림받았던 이야기 들려 주세요."라고 말했다.

우붓 예술이 황금시대를 구가하던 1930년대, 우붓 왕궁은 미술관과 레지던스 역할을 했다. 예술 작품을 소개하고 판매하는 공간이면서 예술가의 거주지, 만남의 장소였다. 우붓 왕궁에서 불과 5킬로미터 거리에 있는 뉴꾸닝 마을 역시 우붓 관광과 밀접해져 갔다. 한 번에 많은 관광객을 태우는 제트 여객기가 발리에 이착륙이 가능해지자 해안 곳곳이 사람으로 붐볐다. 뉴꾸닝 주민은 직접 제작하거나 우붓 시장에서 도매가로 구매한 공예품을 사누르에 머무는 관광객에게 판매했다. 어쩌면 이것이 뉴꾸닝 주민과 외국 관광객의 첫 만남이었을 것이다.

우붓 왕궁과 뉴꾸닝 마을이 가깝기는 하지만, 교통수단이 원활하지 않았고 특히 잘 정비된 도로가 없었던 과거에는 쉽게 오갈 만한 거리는 아니었다. 무엇보다 1930년대 전후에는 뉴꾸닝 마을이 인근 지역인 싱아꺼르따나 뺑오쎄깐에 속했다고 한다. 즉, 현재 마을의 지리적 경계에 주민 50여 명이 살았지만, 행정적으로나 관습적으로 독립된 마을은 아니었다. 강과 논 주위에 집 몇 채가 있었고, 친족 집단들이 자연촌을 이루며 거주한 것이다.

마을 선거

　뉴꾸닝 마을이 하나의 마을, 즉 발리 고유의 행정 조직인 반자르로
인정받은 때는 1950년대 전후다. 마을의 행정을 담당하고 전통 의례
지도자 역할을 하는 끌리안kelian을 선출했고, 현재까지 5년 주기로
끌리안 선거가 이루어진다. 우붓이 1970년대 관광객에게 '문화 예술
마을'이라는 수식어로 불리며 관광객이 급격하게 늘어났지만, 뉴꾸
닝은 여전히 관광지 인근의 작은 농촌 마을이었다. "어린 시절 우리
마을은 그냥 농촌이었어요. 아버지도 당연히 농부였죠." "마을 규모
가 너무 작아 옆 동네 아이들과 싸움을 해도 항상 맞고만 다녔어요."
와얀이 어린 시절을 회상했다.

뉴꾸닝 마을 인근의 논

뉴꾸닝에 점차 변화의 바람이 불어온 시기는 1980년대다. 목공예품 장사가 괜찮은 수입원이 되자 동네 주민 일부가 전문 목공예품 생산자로 변신했다. 물론 여전히 이들의 주업은 농사였고 목공예품 생산과 판매는 부업이었다. 드디어 마을 도로가 포장되었고 인구수도 점차 늘어났지만 여행객이 방문하거나 거주하는 공간은 아니었다. 당시 도로 포장과 관련해 다른 의견도 있었다. "에이, 80년대에 뉴꾸닝 마을은 완전 시골이었어요. 포장길은 고사하고 길도 제대로 없었는걸요. 있는 길도 흙길이었고 소똥하고 쓰레기가 즐비했어요." 드위가 내 말을 믿지 못하겠다는 얼굴로 말했다.

일부 마을 주민 역시 1990년대 초반 관광객이 점차 증가하면서 마을에 도로와 상수도 시설이 정비되었다고 설명했다. 20세기에서 21세기로 변화하는 시대, 뉴꾸닝에도 거센 변화의 바람이 불어왔다. 농민이 관광업 종사자가 되고, 2년에 3모작 또는 4모작을 하던 드넓은 논은 수영장이 있는 멋진 빌라로 변모했다. 몇 달이 지나도 떠나지 않고 현지 주민처럼 사는 외국인도 계속 늘어났다. 집 걱정은 없었던 과거와 달리, 부모가 아들에게 새로운 집을 마련해 주는 것이 쉽지 않은 상황이 되었다. 현재 뉴꾸닝 마을 규모는 내가 조사했던 10여 년 전보다 급격하게 커져 인구가 1,000여 명에 이르고, 마을에 거주하는 외국인 역시 100명이 훌쩍 넘는다. 생업 수단 중 관광업의 비율은 더욱 늘어나 현재는 전체 인구의 90%가 관광업에 종사한다. 그렇게 뉴꾸닝 마을은 점차 변화하고 있다.

8

수십 명의
와얀이
한마을에
살아도

윤회는 인간은 죽어도 자신이 행한 일에 따라 다른 세상에서 삶과 죽음을 다시 맞이한다는 불교와 힌두교의 교리다. 여섯 가지의 세상에 번갈아 태어나 죽어 간다지만, 기억이 남지 않기에 도리어 현재 삶이 중요함을 다시금 강조하는 종교적이면서 철학적인 관념이다. 그러기에 삶의 자기 결정권과 주체성이 더욱 강조된다. 하지만 우리는 세상에 가장 먼저 자신을 알리는 '이름'만큼은 선택할 수 없다.

선택이라는 측면에서 발리인의 이름 짓기는 매우 독특하면서 다른 한편으로는 자유롭다. 우선 독특한 측면을 먼저 살펴보자. 현지 조사 초반, 항상 그러듯 마을을 서성거리는데 아내가 전화를 했다. "집에 물이 없어, 물 좀 사 와요." 가까운 슈퍼에 가서 물을 샀다. 오토바이를 타고 갔지만 19리터나 되는 큰 통을 싣는 것이 쉽지 않았다. 동네 주민들은 큰 생수 두 통을 서커스 단원처럼 오토바이에 싣고 다녔지만, 내 운전 실력으로 서커스에 합류하기에는 어려움이 있었다.

슈퍼 주인에게 배달을 요청했고 그는 별일 아닌 것처럼 어디에 사냐고 물어봤다. "뉴 불란 길 10번지에 살아요. 와얀네 집에 살고 있어요." 내가 말했다. "10번지가 어디에 있죠. 무슨 와얀?" 슈퍼 주인이 다시 물었다. "새롭게 빌라를 지은 와얀입니다. 와얀 사리의 집에 살고 있습니다." 부족한 인도네시아어 실력이 탄로 날까 봐 난처한 표정을 지으면서 대답했다. "오, 와얀 사리. 와얀 집 뒤쪽 빌라에 사는 외국인이었군요." 그가 미소를 지었다.

발리인의 이름 짓기 방식은 독특하다. 이를 이해하기 위해서는 우선 발리인의 종교인 발리 힌두교를 이해해야 한다. 인도의 힌두교가 가진 4개의 계층, 즉 브라마나Brahaman, 끄사뜨리아Kesatria, 웨시아 Wesia, 수드라Sudra의 체계는 인도네시아의 수도가 있는 자바섬을 넘어 발리 지역에 그대로 도입되었다. 다만 발리에서는 힌두교 사제인 브라만을 제외하고는 특정 계층이 특정 직업과 연결되지 않는다. 개인적 성취에 따라 자유롭게 직업을 선택할 수 있다. 발리섬에서 정치, 행정적으로 가장 직급이 높은 발리 주지사 역시 수드라 계층이다.

수드라 계층은 전체 발리인의 90%를 차지하고 뉴꾸닝 주민 대부분 역시 이에 해당하는데, 이들의 이름 짓기는 독특하다. 남자의 경우 이름이 '이I'로 시작되고 여자의 경우 이름 뒤에 '니Ni'를 붙인다. 이후 형제와 자매의 출생순으로 호칭이 부여된다. 첫째는 와얀Wayan, 그데 Gede, 뿌뚜Putu 중 하나를 선택한다. 둘째는 마데Made이나 까덱Kadek 중 하나를 선택한다. 셋째는 뇨만Nyoman이나 꼬망Komang 중 하나를 선택한다. 넷째는 끄뜻Ketut을 붙인다. 다섯 번째 아이는 첫 번째 부여된 이름, 즉 와얀, 그데, 뿌뚜 중 하나를 다시 선택한다. 여섯 번째 아이는 당연히 마데나 까덱을 선택한다.

그럼 슈퍼 주인과 대화하면서 나온 집주인의 이름을 분석해 보자. 집주인의 이름은 '이 와얀 사리I Wayan Sari'다. 남성 이름 앞에 붙는 이 I가 있고, 그 뒤를 이어서 첫째에게 붙인 와얀Wayan이 온다. 끝에는 발리어로 꽃을 의미하는 사리Sari를 붙였다. 하지만 이름의 끝에 있는 사리가 다른 사람과 나를 구별하는 이름처럼 통용되지는 않는다. 마을 주민들은 내가 살았던 집의 주인을 사리가 아닌 와얀으로 부른다. 따라서 뉴꾸닝 마을에만 수십 명의 와얀이 존재하고, 이들은 '누구 집의 와얀', '누구 아들 와얀', '어디 길에 사는 와얀', '와얀 사리', '이번에 새롭게 건물을 지은 와얀' 등으로 상황에 따라 조금씩 변형되어 불린다.

발리인의 이름 짓기는 한편으로는 자유롭다. 부계 집단을 상징하는 할아버지, 아버지의 성을 세대를 이어 유지하지 않는다. 수드라 계층의 이름 짓기 방식대로 성별을 구별하고 출생순으로만 이름을 부여하면 된다. 그 뒤의 이름은 자유롭게 붙일 수 있다. 발리어로 지구, 꽃, 새, 땅을 의미하는 단어를 사용하기도 하고, 때로는 관광업 종사자가 많기에 영어 사용자가 발음하기 쉬운 이름을 선택하기도 한다. 외국의 유명 배우인 톰 크루즈의 톰, 줄리아 로버츠의 줄리아, 뉴욕, 파리 등을 이름으로 쓰는 경우도 있다.

예를 들어 수십 명의 와얀, 수십 명의 뿌뚜, 수십 명의 마데가 한마을에 거주한다. 또한 와얀은 다른 마을에서 시집을 온 마데와 결혼한다. 이후 이 부부는 첫째 아들인 그데, 둘째 딸인 까덱, 셋째 아들인 꼬망을 낳는다. 시간이 흘러, 첫째 아들인 그데는 다른 마을 출신인 끄뜻과 결혼하고 분가를 한 후 같은 마을에 살고 있다. 둘째 딸인 까덱은 다른 마을 출신 뇨만과 결혼해 뇨만이 사는 마을로 간다. 셋째 아들인 꼬망은 뉴꾸닝 출신의 뿌뚜와 결혼하고 여전히 고향 마을에서 부모님과 함께 산다.

400만 명 인구와 3,500여 개의 마을이 있는 발리섬에서는 충분히 가능한 경우다. 이 사례를 통해 발리 사회의 가족구조와 문화에 대해서 몇 가지 사실을 알 수 있다. 우선 형제와 자매의 출생순으로 부여된 이름이 흔히 사용된다는 것이다. 섬 외부 사람에게는 이름의 맨 마지막에 붙은 단어로 발리인들을 구별하고 부르기가 더 쉬울 것이다. 하지만 여전히 많은 발리인은 '누구 집의 와얀'과 '누구 아들 뿌뚜'로 서로를 구별하면서 한 마을에 수십 명의 와얀과 뿌뚜가 함께 살아간다.

또 특이한 점이 있다. 부계 중심으로 이루어진 친족집단 중 가업의 계승은 가족의 막내아들이 담당한다. 물론 첫째와 둘째 아들에게 가업의 계승권이 없고 무조건 막내의 역할이라고 단정할 수는 없다. 가족의 사정에 따라 유연하게 대처한다. 셋째 아들인 꼬망이 사회생활을 하는 데 문제가 없으면 그에게 부계 집단을 유지하는 책임이 지워진다. 어쩌면 가장 젊은 막내가 연로하신 부모님을 부양하는 게 좀 더 합리적인 선택인 것 같다.

끝으로 친족집단은 부계 중심으로 이어진다. 둘째 딸인 까덱은 다른 마을 출신 뇨만과 결혼한 후 뇨만이 사는 마을에 간다. 까덱은 이후 뇨만이 사는 마을의 주민으로서 다양한 의례에 참여한다. 셋째 아들인 꼬망의 아내인 뿌뚜는 뉴꾸닝 마을의 구성원으로서 마을 의례에 참석하지만, 가족 의례는 꼬망 가족의 의례에 참석한다. 더욱이 꼬망이 가족의 막내이자 가업의 계승자이기에, 향후 아내 뿌뚜는 가족 의례를 실질적으로 이끌어 나갈 것이다.

발리 사회를 이루는 가장 작은 집단은 가족 또는 가정이라는 혈연 공동체다. 대체로 발리 사회는 혈연 공동체로 묶인 친족이 한곳에 터를 잡고 모여 사는 친족 마을로 시작한다. 이후 다른 친족 집단이 합류하면서 점차 전통적인 사회조직인 반자르가 구성된다. 발리섬은 행정구역상 인도네시아 공화국의 38개 프로빈시provinsi 중 하나이며, 주정부 밑에 8개의 까부빠뗀kabupaten과 1개의 시인 덴파사르가 있다. 8개의 까부빠뗀에는 56개의 끄짜마딴kecamatan과 약 3,500개의 반자르가 있다. 우리나라의 행정구역과 정확하게 일치된 개념은 아니지만 대략 프로빈시는 광역자치단체인 '도', 까부빠뗀은 기초자치단체인 '군', 끄자마딴은 '읍'이나 '면', 반자르는 '리'로 이해할 수 있다.

반자르는 어원이 발리어며 결혼과 장례와 같은 일상 의례를 함께 하는 전통적인 사회조직이자 발리에서만 통용되는 가장 작은 행정단

위다. 따라서 같은 반자르 사람끼리는 어쩌면 혈연으로 엮인 친인척보다 더 가깝게 일상을 공유하며 일종의 유사 친족 같은 친밀감을 가진다. 물론 실제로 혈연과 결혼으로 엮인 친인척 관계가 많기는 하다. "어디 반자르 출신이에요?", "저는 어디 반자르에서 살았어요.", "어디 반자르의 와얀 자야아르사가 제 친구입니다." 등의 문장은 발리에 사는 외국인이 누가 누구인지 파악하기 유용하고 발리인의 입장에서도 반갑다. 무엇보다 외국인이 반자르를 안다는 것에 발리인 대부분은 반가움과 놀라움을 표시한다. 더하여 "어디 어디 반자르에서 살았어요." 같은 말은 때로는 친구, 친척, 친구의 친구 등의 연결고리가 드러나며 서로의 관계를 진전시키는 마법과 같은 문장이 된다.

현지 조사를 진행했던 뉴꾸닝 마을의 공식 표기는 반자르 뉴꾸닝 Banjar Nyuh Kuning이다. 또한 뉴꾸닝 마을의 상위 행정 단위이자 생활권역인 우붓은 끄짜마딴 우붓Kecamatan Ubud이다. 발리 사회에서 땅과 주민이 하나의 묶음으로 구성된 기초적인 사회 단위가 반자르다. 각각의 반자르는 고유한 관습법으로 운영되고, 지리적으로도 인근의 반자르와 명확하게 구분된다. 반자르는 구성원에게 강력한 규율과 의무를 부여함으로써 결속력을 높이고 마을을 온전히 보전하려 노력한다. 이러한 규율을 위반하고 의무를 다하지 않는 주민에게 벌금이나 벌칙을 부여한다.

각각의 반자르에는 관습을 의미하는 아닷adat이 존재한다. 아닷은 아라비아어에서 비롯되었는데 종교적인 활동을 공통으로 실천하는 집단이 가지는 규율을 의미하기도 한다. 일반적으로 의례의 실천과 구성원에게 부여된 의무, 이에 따른 규율은 관행적으로 이루어진다. 조상 대대로 내려오는 전통 지식, 집단행동 요령, 행동 강령 등은 아윅-아윅awig-awig이라는 관습법에 기록되어 있다. 아닷과 아윅-아윅은 마을의 수장인 끌리안에 의해 지켜지고 수행된다.

관습법적인 마을을 의미하는 반자르 아닷banjar adat과 함께 국가가 부여한 행정 마을이라는 의미인 반자르 디나스banjar dinas도 존재한다. 발리의 땅은 반자르 아닷과 반자르 디나스가 상호 중첩되고 교차된다. 주민들은 종교 의례의 실천과 관습을 지키는 행위는 반자르 아닷의 영역에서, 주민의 복지, 세금 납부 등은 반자르 디나스의 영역에서 각각 처리한다. 뉴꾸닝 마을의 경우 관습법적인 마을과 행정법적인 마을의 영역이 거의 일치한다. 따라서 선거로 선출되는 끌리안 한 사람이 의례와 행정 업무를 전반적으로 다뤘다. 하지만 2020년 지방 조례로 반자르에서 의례와 행정 업무를 분리해 다루는, 즉 끌리안 2명을 선출해야 하는 조례가 제정되었다.

반자르는 가족과 함께 자신의 정체성을 확인하고 표출하는 중요한 공동체 단위다. 발리 종족은 같은 종교를 믿는 종교 공동체이기 때문이다. 따라서 발리 힌두교와 관련된 다양한 의례의 실천을 중요하게 여기고, 이를 위해 여러 혈연 공동체가 사원을 중심으로 모이면서 형성된 것이 반자르다. 결국 반자르에는 마을 주민의 집회 장소인 발레 반자르bale banjar와 함께 다양한 종교의식을 수행하는 장소이자 그 자체로 경배의 대상이 되는 중요한 뿌라, 즉 힌두교 사원 3개가 반드시 위치한다.

이를 세 가지 신성한 사원이라는 의미의 까양안 띠가kahyangan tiga 라 한다. 조상을 숭배하는 의미에서 마을 기원과 관련된 사원이 뿌라 뿌세Pura Puseh, 악귀의 힘과 죽음을 바른 방향으로 유도하라는 의미 에서 죽음과 관련된 사원인 뿌라 달름Pura Dalem, 지역 공동체인 데사, 반자르와 관련된 사원인 뿌라 데사Pura Desa가 있다. 당연히 뉴꾸닝 마 을에도 3개의 사원이 존재하며, 이 공간은 뉴꾸닝 주민들에게 주요한 삶의 바탕이 된다.

반자르의 여러 활동 중 사원을 중심으로 진행되는 종교 의례의 수 행은 발리인의 생애에서 가장 중요한 삶의 실천이다. 종교 의례를 수 행하기 위해 마을에는 다양한 사회문화 조직이 운영된다. 신을 기쁘 게 하기 위해 음악을 연주하는 가믈란 연주단, 사원과 마을을 유지하 고 관리하는 집단, 마을 지킴이자 종교 경찰 역할을 수행하는 뻐짤 랑 등이 있다. 마을 주민들은 이들 조직에 가입해 마을을 온전히 유지 하고 종교적인 의무를 수행한다. 따라서 결원이 발생한 경우 상호 부 조와 공동 작업에서 여러 문제가 발생한다.

"마을 사람들은 저렇게 집을 매일 쓸고 닦고, 마당에 있는 화분도 얼마나 정성스럽게 가꾸는지. 뿌뚜도 우리 집 청소하는 것 보면 땀이 날 정도로 청소를 열심히 하는데, 왜 마을에서 조금만 벗어나도 하천 은 쓰레기로 덮여 있고, 길가에 있는 쓰레기를 줍는 사람도 없나요.

뉴꾸닝 반자르 중심에 있는 **뿌라 뿌세 사원**

거기는 누가 청소 안 해요?" 오늘도 어김없이 청소에 온 정성을 쏟는 뿌뚜에게 물었다. "거기 하천은 주인이 없으니까요. 마을 소유도 아니고요. 아마 싱아꺼르따 마을 소유일 거예요. 우리 마을 사람들은 당연히 청소할 필요가 없고, 싱아꺼르따 마을에서 청소를 안 하면 더러운 게 당연하죠. 집이야 내 것이니까 깨끗하게 해야 하지만." 뿌뚜가 대답했다.

뉴꾸닝 주민은 매일 아침 6시경 자기 집 앞을 중심으로 마을 청소를 한다. 때로는 일요일 늦은 오후에 마을이 지저분하다고 생각되면 주민 청소가 이루어진다. 마을의 뻐짤랑이나 결혼한 여성의 모임인 페까까PKK가 중심이 되어 움직인다. 페까까 소속인 뿌뚜 역시 아이를 돌보다가 조금 일찍 퇴근할 때는 마을 청소를 하거나 페까까에서 운영하는 요가 모임에 참석한다.

마을 청소를 너무 자주 하는 것에 일부 주민이 불만을 가지기도 했다. 특히 관광업에 종사하지 않은 주민들이 불만을 드러냈다. 마을에 거주하는 외국인에게 좋은 인상을 심어 주는 것은 좋은데 생업에 지장을 줄 만큼 너무 열심히 한다는 것이다. 하지만 마을 청소라는 것이 결국 자신의 집 앞을 중심으로 쓸고 닦는 것이기에 그들의 불만은 금세 사라졌다. 도리어 개인 사정으로 불가피하게 참가하지 못한 경우가 문제가 되었다.

마을 청소가 관습법을 위반한 것은 아니다. 만약 마을 청소를 관습법으로 필수로 정하면 이에 대한 처벌은 매우 가혹할 것이다. 반자르

성원권이 정지되고 박탈이 진행되기 때문이다. 반자르 외부 사람이 보기에 성원권 정지와 박탈은 일견 가벼운 처벌이라고 생각되지만, 실제로 이는 발리에서 사형과 다름없는 무거운 처벌이다. 반자르 성원으로 인정받지 못하면 발리인에게 가장 중요한 의례에 참여할 수 없다. 출생식, 성인식, 결혼식, 장례식 같은 통과의례에 있어 핵심은 정화 의식이며, 이 과정에서 마을의 사제가 뿌려 주는 성수를 받는 것이 중요하다. 성원권이 정지되거나 박탈당한 사람은 정화 의식을 치르지 못하기에 현생과 사후 세계에서 온전한 삶을 누릴 수 없다.

개인 사정으로 마을 청소에 참여하지 못한 사람에게 이웃 주민은 안 좋은 평가를 내린다. 작은 마을에서 평판이 나빠지면 개인과 가족의 삶에 계속해서 악영향을 준다. 이러한 평판은 집을 구하는 외국인에게도 전달된다. 최근 몇 년간 우붓 지역에 다수의 부동산 중개업체가 생겼지만, 이들 업체는 대부분 가격이 비싸고 규모가 큰 고급 빌라와 땅 위주로 중개업을 한다. 따라서 뉴꾸닝 마을의 빌라처럼 싸고 작은 빌라는 여전히 슈퍼와 카페에 비치된 입간판과 지인의 소개로 중계가 이루어진다. 우붓에 거주하는 외국인들은 같은 국가 출신끼리 모여 서로 정보를 공유하면서 집을 얻기도 한다.

이 과정에서 집을 내놓는 주인의 평판은 임차인이 집을 선택하는데 중요한 결정 요소다. 외국인은 집을 구하는 과정에서 이웃 주민과 마을 입구를 지키는 뻐짤랑과 필연적으로 만나게 된다. 집주인의 평판이 좋지 않으면 그 집을 선택하지 않을 것이다. 결국 마을 주민은 개인의 평판 유지를 위해, 지나치다고 생각해도 마을 청소와 행사에 적극적으로 참여해야 한다.

뉴꾸닝 마을은 다른 마을과 달리 꽤 많은 외국인이 산다. 이웃의 다른 마을과 비교해 마을 규모가 작고 인구수도 적은 이 마을이 세상에 알려진 것은 외국인이 마을에 거주하기 때문일 것이다. 뉴꾸닝 마을은 외국인이 거주하고 우붓 지역이 점차 확장되면서 주목을 받게 되었다. "중학교 다닐 때 뉴꾸닝 마을 출신이라고 하면 이웃 동네 아이들이 엄청 괴롭혔어요. 뉴꾸닝 마을 출신 아이들이 많지 않아서 싸움이라도 나면 우리가 항상 불리했죠. 이웃 동네 애들은 마을 인근에 있는 원숭이 사원을 가리키면서 '너희 엄마도 저기 출신이지, 너는 원숭이가 낳은 아이'라고 정말 심한 말을 하기도 했어요." 현지 조사 당시 40대에서 50대인 아저씨들과 과거 이야기를 하면 항상 이런 말을 들었다. 마을 규모가 작아서 어린 시절 받았던 서러움을 토로한 것이다.

관광업의 성장과 관광객의 출현은 마을에 직접적인 영향을 준다. 이 과정에서 경제적 성장, 전통의 보존과 파괴, 환경의 보존과 파괴라는 과정을 경험하게 된다. 물론 1970년대에는 비서구 사회에 속한 현지 주민들이 관광 발전 과정에서 주체적으로 개입하는 가능성을 낮게 보았다. 주민들은 경제적 성장과는 괴리된 삶을 살아왔고, 전통은 어떠한 저항도 없이 보존되지 못하고 사라졌다. 즉, 주민 집단의 문화적 실천력과 영향력을 상대적으로 소홀하게 다루었다.

하지만 관광의 방식이 달라지고, 특히 마을에 장기 거주하는 외국인이 많아지면서 뉴꾸닝 마을은 극적인 변화를 맞이하게 된다. 현지 조사를 통해 뉴꾸닝 마을 주민이 가진 문화적 영향력, 주체성, 관광객과의 활발한 상호 교류의 측면을 확인할 수 있었다. 학교에서 마을 아이들의 위세가 점차 변화하는 것처럼, 관광업의 발전 과정에서 주민들의 역할과 활동이 점차 변화하고 있었다.

9

*Bali, Indonesia* ——————— 외국인들이
발리 농촌에
머무는 이유

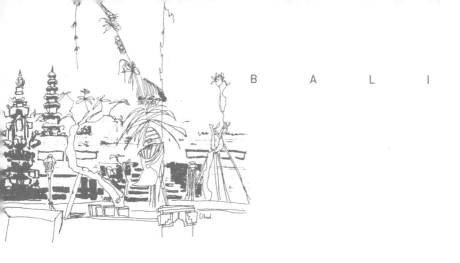

B A L I

발리에서 나의 일상 중 하나는 마을을 정처 없이 걷는 것이었다. 특히 아침 8시 전후, 오후 5시 전후, 뜨거운 햇살이 대지를 미처 달구기 전이나 한참 달구어진 대지가 조금씩 식어 갈 때 거리로 나섰다. 아침 8시에는 생각보다 길거리에 사람이 많지 않다. 조사 초반에는 날씨가 더워 주민이 바깥 활동을 잘 하지 않는 것이라 생각했다. 하지만 일방적으로 추론한 그들의 게으름은 닭 울음소리에 잠을 설친 어느 날 새벽에 산산조각이 났다.

집주인 와얀은 아침부터 집 앞을 청소했고, 아이의 보모 뿌뚜는 새벽시장을 다녀왔는지 오토바이에 짐을 잔뜩 싣고 집으로 향했다. 초등학교 앞 공터에는 아이들 몇 명이 모여서 뭐가 그리 즐거운지 한참 동안 장난을 치고 수다를 떨었다. 10여 분쯤 지나서 작은 시곗바늘이 숫자 7을 향하자 각자 일에 집중하던 마을 주민이 하나둘씩 사라졌다. 이후 얼마 지나지 않아 한 외국인이 상쾌한 아침을 맞이하는 표정으

학교 앞 상인에게 간식을 사 먹는 학생

로 조깅을 하면서 그 자리를 채웠다.

뉴꾸닝의 아침은 마치 한 공간에서 시차가 발생하는 것 같다. 실제로 좌우로 상당히 긴 영토를 가진 인도네시아는 세 가지 시간대를 가진다. 그리니치 표준시보다 7시간 빠른 인도네시아 서부 표준시, 8시간 빠른 인도네시아 중앙 표준시, 9시간 빠른, 즉 한국과 같은 시간대인 인도네시아 동부 표준시가 있다. 이 중 발리는 인도네시아 중앙 표준시에 속한다. 그렇다고 뉴꾸닝의 모든 사람이 그리니치 표준시보다

8시간 빠른 것을 기준으로 살아가지는 않는다.

특히 나와 우리 가족을 포함한 여행자의 시간은 주민의 시간과는 다르게 움직인다. 여행은 여행자에게 일상에서 벗어난 시간과 공간을 부여한다. 몇 분, 몇 시간의 게으름을 허락하고, 때로는 누구에게도 간섭받지 않는 공간을 제공한다. 물론 하룻밤에도 몇 번씩 잠을 깨우는 신생아가 있고 현지 조사 중이라는 부담감이 있는 경우라면, 쉽사리 여행자의 게으름이 허락되지는 않는다.

그럼에도 발리, 우붓, 뉴꾸닝 마을이 가지는 특유의 편안함과 온화함은 여행자와 연구자의 경계에 있는 우리 가족의 일상을 즐겁게 해주었다. 더욱이 다른 여행자와 달리 꽤 긴 시간을 한 장소에 머물면서 현지 문화를 경험하고 배운 것이 여행의 즐거움을 배가했다. 비록 오랜 역사를 가지거나 엄청난 규모를 자랑하는 '위대한', '웅장한' 문화유산이 아니어도, 지역민에게 특별한 의미를 가진 문화자원이 가진 힘은 매우 강력하다. 때로는 미미해서 눈에 잘 띄지 않더라도, 외부인이 오랜 시간 이를 체화하는 과정에서 또 다른 '위대함'을 발견할 수 있기 때문이다.

젊은 시절, 장기간 여행을 하다가 독립적인 성향이 비슷한 여행객을 만나 유동적인 경로로 이동한 적이 있다. 이들에게 여행 동기는 전혀 다른 문화권 사람과의 교류였고, 현지 문화를 일상적 관점에서 이해하는 것에 중점을 뒀다. 시대적으로 1970년대에서 1980년대 서구의 젊은이가 히피나 모험가 같은 여행을 떠났다. 당시만 하더라도 이들의 여행 방식은 비주류였고 그 수가 많지 않았다.

변화의 시작은 젊은 시절 현지 주민과 상호 교류하는 것의 중요성과 그 가치를 이해한 이들이 은퇴하는 시기가 도래한 1990년대에서 2000년대다. 이들이 발리로 이주를 결심한 이유는 낮은 생활 물가와 거주 비용 등 경제적인 측면에 한정되지 않는다. 발리의 자연 조건, 날씨, 발리인이 가진 삶의 방식과 동화의 가능성이 이주의 주요 이유다.

이들은 현지 조사 과정에서 뉴꾸닝 주민을 제외하고 가장 빈번하게 만났던 집단이었다. 우리 가족이 살았던 집의 2층은 스웨덴, 미국, 러시아 국적의 여행객이 몇 개월씩 거주했다. 주방 옆 발코니에서 항상 보이던 미국인 존은 우리 가족보다 더 오랫동안 뉴꾸닝에서 살았다. 낮은 담장을 사이에 두고 존과 나는 아침 인사를 나누었다. 허름한 반바지만 입고 윗옷은 거의 입지 않은 채 이야기를 나누기도 했다. 공식적인 인터뷰라고 명명했지만, 실제로는 옆집 미국 출신 할아버지와의 수다였다.

"우붓 인근 마을 중 왜 뉴꾸닝 마을에 거주하고 계세요?" 내가 물었다. "특별한 이유는 없어요. 우리 딸이 올해 15살이라, 발리에서 국제학교를 보내야 했거든요. 뉴꾸닝 마을이 가깝고, 다른 마을보다 깨끗하고 안전한 것 같아서요." 존이 대답했다. 존의 나이를 물어본 적은 없지만 60살은 분명 넘었고 70살에 가까워 보였기에 딸의 나이를 잘못 들은 줄 알았다. 존은 아내랑 이혼한 후 딸과 함께 발리에서 살고 있지만, 예전 아내가 발리에 와서 며칠씩 존의 집에 머물곤 했다.

"뉴꾸닝 마을에 살면서 마을 행사에 참여하세요?" 존에 대한 개인적인 이야기를 나누다가 다시 인터뷰로 돌아갔다. "마을 행사는 잘 몰라요. 전 힌두교 신자가 아니거든요. 여기서 만나는 사람은 미국인과 유럽 친구들이 많아요. 가끔 맥주 마시거나 집에서 탁구를 치지요. 집주인이 일주일에 한 번 청소해 주니까 고맙다는 인사는 하고요. 가전이 고장 나거나 갑자기 전기가 나가거나 하는 등 문제가 생기면 부탁하는 정도입니다. 그래도 여기 마을 사람들이 다른 마을보다는 좀 더 안정된 것 같아요. 관광지이면 아무래도 다들 돈에 집착이 심한데, 여기 사람들은 마을 의례에 정성을 다하고, 마을 행사에 적극적으로 참여하니까요. 우리 가족에게 좀 더 안정감을 줘요." 존이 대답했다.

윗집에 살았던 덴마크 출신 얀센도 좋은 이야기 상대였다. 발리에서 행복한 은퇴 생활을 즐기던 얀센은 우리가 이사 온 지 두 달 정도 지나서 이사를 왔다. 얼마 지나지 않아 어디서 소형 스쿠터를 렌트해 왔고, 이탈리아 남부 나폴리에 사는 멋쟁이 신사처럼 스쿠터를 운전하고 다녔다. 비슷한 연령대지만 아마도 국적은 다를 친구들이 집을 제법 드나들었다. 동양인은 거의 없었고 미국, 호주, 유럽 출신들이었다. 아마도 영어를 사용하면서 우붓에 거주하는 외국인 모임에 참석하는 듯했다.

얀센은 친구와 함께, 술과 함께, 따뜻한 날씨를 즐기면서 은퇴 후의 삶을 보냈다. 발리 생활에 만족했는지 이사 후 한 달쯤 지나자 싱가포르에 은퇴 비자를 받으러 간다고 했다. 오전 일찍 조그마한 캐리어를 들고 집을 나서던 얀센은 오늘 싱가포르에 가니 몇 주 뒤에 보자고 했다. 10여 일이 지날 때쯤 얀센이 싱가포르에서 돌아왔다. 특유의 은은한 미소를 머금고 은퇴 비자를 받아 왔다고 한껏 자랑하더니 다시 스쿠터를 타고 어디론가 떠났다. 얀센은 항상 긍정적이었고 자신의 좋은 기분을 남에게 표출하는 여행객이었다.

얀센의 유일한 걱정거리는 뉴꾸닝 마을, 특히 이 집에 좀 더 머물렀으면 하는 바람에서 나온 것이었다. 뚜가드 바뚜 하우스의 렌트 비용이 자신이 생각하는 범위를 벗어나서, 이를 조정할 방법을 찾고자 했다. 내게도 월세를 조금 낮출 방법이 있냐 물었지만 얀센이 원하는 금액을 와얀이 허락하는 것은 가당치도 않았다. 와얀도 이 집을 짓기 위해서 꽤 많은 돈을 빌렸기에 얀센을 대체해 자신에게 대출 이자 비용을 지불할 새로운 외국인이 필요한 시점이었다. 계약 만료 기간이 다가왔고, 두 달 후 그는 친구의 소개를 받아 좀 더 저렴한 집을 찾아서 다른 마을로 떠났다.

"우붓에서 당분간 지낼 거죠? 지나가다가 만나면 인사하고 지내요." 얀센이 말했다. "내일 이사 잘하세요. 저도 앞으로 우붓에서 1년은 살아야 해서 가끔씩 보겠죠. 임대 연장은 왜 안 했어요? 가격이 비싸서?" 내가 물었다. "이 방이 완전히 비싼 것은 아닌데, 좀 더 저렴한 곳이 있어서요. 그 집이 한 달에 150만 루피아는 저렴해요. 1년이면 그게 얼마예요. 그래도 이 집 괜찮았어요. 주민하고 약간 문제는 있었는데, 그거야 의사소통이 잘 안 되니까 그런 거죠. 여기 사람들은 다 좋은 것 같아요. 매일 아침저녁으로 내 방에 향초 같은 것도 가져다 놓고, 뭐라고 기도도 해 주고. 좋은 경험이었어요." 그 후 얀센은 한참을 이런저런 말을 하다가 떠났다.

몇 달 후 우붓 시내를 지나가다 얀센과 다시 조우했다. "얀센 씨, 요즘은 어디에서 살아요?" 당시 나는 뉴꾸닝 마을에 대한 거주 외국인의 인식, 거주 외국인이 왜 이 마을에 오랫동안 사는지가 주요 관심사였다. 오랜만에 다시 만난 얀센이 뉴꾸닝을 떠나서 어디에 사는지, 그 마을과 집은 어떠한지가 궁금했다. 얀센은 '이부 오카'라는 우붓에서 꽤 유명한 식당을 기준으로 현재 거주지를 설명했다. "이부 오카 북쪽 지역에 있는 집을 구했어요. 여전히 우붓 시내로 가려면 오토바이를 타야 하지만, 그래도 예전에 살았던 집보다는 저렴해서 괜찮아요. 미스터 정은 여전히 그 집에서 사나요?" '우붓에 살아서 행복합니다' 라는 표정으로 얀센이 대답했다. "네, 뉴꾸닝 마을이 살기 편하니까요. 여전히 살고 있죠. 마을 조사도 해야 하고요." 내가 말했다. "지금 사는 집은 미스터 정이 사는 집과 시설은 비슷한데 가격은 절반 정도예요. 혹시 집 옮길 생각 있으면 연락해요. 남은 방이 아직 있을 거예요. 인터넷이 없어 메일 보낼 때 우붓 시내로 나와야 해서 조금 귀찮은데 그것 빼고는 괜찮아요." 이후 얀센은 스쿠터를 타고 우붓 왕궁과 이부 오카 사이에 난 길을 따라 북쪽으로 향했다.

우리 가족이 거주한 와얀의 집

2층에 살았던 얀센과 옆집에 살았던 존이 우붓에 거주한 것은 건강 때문이었다. 얀센은 덴마크의 차가운 날씨가 코 건강에 안 좋다는 의사의 조언에 따라 은퇴 후 발리로 이주했다. "뜨거운 공기가 코랑 폐에 들어가야 건강에 좋아요." 얀센이 코안으로 많은 공기가 들어갔다는 것을 표현하듯이 가슴을 부풀리고 콧구멍을 한층 넓힌 채 말한다. 존이 자주 윗옷을 입지 않은 것도 일종의 건강 관리법이었다.

꽤 긴 시간을 계획하고 시작했던 현지 조사였기에 나도 건강관리 차원에서 존의 집과 나란히 있는 우리 집 베란다에서 팔굽혀펴기와 팔 벌려 뛰기를 자주 했다. 존은 팔 벌려 뛰기를 하는 내 모습이 웃긴지 엄지손가락을 치켜들며 "굿."이라 말하고 웃었다. 존은 당연히 윗옷을 입지 않고 이상한 동작으로 맨손 체조를 했다. 아마도 누군가 당시 우리의 모습을 보면 꽤나 재미있었을 것이다. 아시아와 서양의 남성이 각자의 베란다에서 이상한 동작을 취하면서 땀을 뻘뻘 흘리고 있었으니.

다행히 두 남성이 서 있는 베란다 맞은편에는 강물이 흐르고 그 너머로 꽤 울창한 산림이 있었다. 다만 내 아내가 우스꽝스러운 동작을 취하는 두 아저씨를 지켜보고 있었고, 첫돌이 채 지나지 않은 아들도 땅바닥을 기면서 그 모습을 지켜보았을 것이다. 우리 집 주변 주민도 크게 알은체하지 않았지만 은근히 경쟁하는 두 남성을 알고 있었을 것이다. "미스떠르 정! 요즈음 몸이 날렵해진 것 같아요." "미스떠르 정! 살 좀 빠진 것 같아요." "존 아저씨도 미스떠르 정 때문에 더욱 건강해진 것 같아요." 이웃 주민들이 지나가면서 의미심장한 말투로 한 마디씩 던졌다.

러시아 출신인 이고르와 안나 역시 2층에 살았던 외국인이었다. 조사가 거의 끝나 집 계약이 한 달쯤 남았을 때 이사를 왔다. 이고르는 프로그래머였는데, 일의 특성상 재택근무가 가능해 여자 친구인 안나와 함께 발리로 왔다. 임대할 집을 찾다가 우붓 중심가 식당에서 입간판 광고를 보고 이 집을 구한 경우였다. 이들 역시 뉴꾸닝 마을의 위치와 생활환경을 높게 평가했다. "뉴꾸닝 마을은 섬 같아서 좋아요. 물론 배를 타고 우붓 시내로 나가지는 않지만. 오토바이를 타고 가면 금방 시내고요." 안나가 말했다. "저도 뉴꾸닝 마을에 사는 것에 만족해요. 월세가 조금 비싸고, 인터넷이 느린 것 정도가 불만이죠. 근데 어쩔 수 없죠. 다른 곳보다 깨끗하고 조용해서 좋은 것 같아요. 관광객이 많지는 않는데 마을 주민이 아침저녁으로 매일 청소하는 것 같고. 차가 별로 없어서 차량이 정체되거나 혼잡하지도 않고. 낮에 우붓에 나가 봤어요. 진짜 정신이 하나도 없어요. 사람이 얼마나 많은데요." 이고르가 말했다.

이고르와 안나와는 몇 차례 만나 대화했지만 내가 귀국하는 바람에 더 이상의 만남은 가지지 못했다. 나중에 안 사실이지만 이고르와 안나는 이후 반년 정도 더 와얀의 집에 거주하다가 다른 곳으로 이사를 갔다고 한다. 둘은 우붓의 변화를 보여 주는 거주 외국인이었다.

발리를 방문하는 여행객은 원래 호주, 중국, 일본, 한국 국적이 대부분이었다. 조사를 진행할 때와 추가 조사 당시 러시아 출신 여행객이 뚜렷하게 늘어난 것을 확인할 수 있었다. 코로나19로 중국에서 온 단기 여행객이 급격하게 줄었고, 이 자리를 도리어 전쟁을 치르는 러시아와 우크라이나 출신 거주 외국인이 채우고 있었다.

우붓은 2010년대 중반 이후 디지털 노마드를 꿈꾸는 사람들의 주요 거점이 되었다. 조사를 처음 시작할 때 우붓 중심부에는 속도가 빠른 인터넷과 다양한 문화 교류 프로그램을 제공하는 공유 오피스가 생겨났다. 이 오피스는 우붓이 가진 특성을 반영해 친환경적 사무 공간, 누구에게도 간섭받지 않는 개인 공간, 때로는 국적과 나이 상관없이 함께 어울릴 수 있는 분위기를 장점으로 내세웠다. 이후 유사한 목적을 가진 공간이 각각의 개성을 뽐내면서 생겨났다.

더욱이 2020년대에는 뉴꾸닝 마을에서 걸어서 이동할 수 있는 거리에 공유 오피스가 만들어졌다. 이고르는 집 인터넷 환경이 좋지 않아서 우붓에 처음 만들어진 공유 오피스를 일정한 돈을 지불하고 사용했다. 당연히 이 공간은 철저하게 우붓에서 거주하는 외국인을 위한 시설이었다. 공유 오피스 한 달 이용 금액이 발리 직장인 월급과 엇비슷했기 때문이다.

나, 아내, 기어 다니기에 바쁜 아들은 발리에 장기 거주하는 외국인으로서 꽤 괜찮았다. 가족이 함께 살았기에 술을 먹고 행패를 부리고, 무리한 요구를 하거나, 심지어 월세를 주지 않고 야반도주하거나 절도하는 등의 문제를 일으킬 확률이 낮았다. 물론 우리가 상대적으로

'괜찮은' 가족이지만 인류학 현지 조사를 하는 내 입장이 바뀌진 않았다. 집주인인 와얀에게 잘 보이기 위해 노력하고, 아이를 돌보는 뿌뚜의 개인적 요청을 거절할 수 없고, 마을 주민 대다수에게 친절하게 대해야 하는 처지였다. 고맙게도, 마을 주민들이 나의 이러한 상황을 악용하려고 하지 않았다. 그럼에도 주민과 기나긴 대화와 협상을 하고, 때로는 무조건적인 요청에 응해야 했고, 분명 상호 간 이야기를 통해 해결해야 할 일을 애초에 아무 일도 발생하지 않았다는 듯이 넘어가는 경우가 가끔씩 일어났다.

발리인의 이러한 특성을 이해하지 못하고, 어쩌면 애써 무시하는 2층 사람도 있었다. 얀센이 나가고 난 후 제법 긴 시간 2층이 임대가 되지 않았다. 초조하고, 다급하고, 때로는 절망적인 표정으로 와얀은 새로운 임차인을 기다리고 있었다. 그러다 내가 마을 행사로 밖에 나가 있는 동안 2층에 새로운 인물이 들어왔다. 대략 70살 전후의 여성이었고 이름은 베로니카였다. 어디서 많이 본 듯한 얼굴이었지만, 서양인이 아시아인의 얼굴을 잘 구별하지 못한 것처럼 나도 그러려니 생각했다.

와얀은 자신이 현재 안고 있는 고민, 불안, 기쁨, 희망, 평온이 얼굴에 그대로 드러나는 사람이었다. 베로니카가 이사를 온 후, 즉 월세를 냈을 때 와얀은 기쁜 얼굴을 하고 나타났다. "집이 잘 안 나가 50만 루피아를 깎아서 들어왔어요. 그래도 미스떠르 정에게 받는 월세보다는 비싸게 받았으니 걱정 말아요." 뭔가 아쉬운 소리를 하고 싶어 하는 얼굴로 와얀이 말했다. 나는 2층에 들어오는 사람이 얼마를 주고 들어오는지 알았지만 애써 모른 척하고 살았다. "그동안 2층에 사람이 없어서 내가 더 걱정했는데 잘되었네요. 괜찮은 사람이면 좋겠어요." 내가 말했다. "(새롭게 들어온 사람이) 조금 이상하긴 한데 어쩔 수 없죠. 수도 요금은 내가 내면 되는데 전기 요금을 잘 낼까 걱정이네요. 마을 세금도 이야기는 했는데 그냥 알았다고 해서 제대로 들었는지 모르겠어요." 와얀이 말했다. "저도 지나가다가 한번 인사만 했는데 옷차림이 독특하던데요. 하하, 우붓에서 꽤 오랫동안 살았던 사람 같으니 알아서 잘하겠죠."

며칠 뒤 와얀은 불안한 기색으로 다시 왔다. "2층에 사는 베로니카 때문에 힘들어요. 뭐가 안 된다, 뭐가 이상하다, 고장 난 거 해결해 주지 않으면 자기 나간다고 협박하고 월세를 깎아 달라고 그러네요. 이상한 여자 같아요." 매우 스트레스 받은 얼굴로 와얀이 말했다. 내가 겪어 본 많은 발리인은 문제가 잘 풀리지 않을 때 엄청난 스트레스를 받는다. 마치 네모난 스트레스 상자를 배출하지 않고 마음속에 높게 쌓아 올리다가, 너무 높게 쌓인 상자가 균형을 잃고 한 번에 와르르 무너져 내리는 것처럼. 그러면 스트레스 상자를 쌓게 한 사람을 찾아서 조금은 과하게, 때로는 폭력이나 욕설을 동반해 대응한다. 물론 스트레스 상자를 높이 쌓아 올리는 기술이 있고, 그것이 무너지기 전까지는 항상 미소 띤 얼굴로 있어 스트레스를 유발한 사람이 알지 못하게 한다.

와얀의 스트레스 상자가 많이 쌓인 듯했다. 다만 베로니카가 여성이고 외국인이기에 마을에서 자신의 평판, 특히 임대 사업을 계속해야 하는 현실적 문제를 고려해 화를 참는다는 생각이 들었다. 또 며칠이 흘렀고 결국 염려했던 일이 터졌다. 다행히 와얀의 스트레스 상자는 외발자전거를 타는 삐에로의 묘기처럼 아슬아슬하게나마 균형을 맞추고 있었다. 문제는 옆집 아저씨인 존과 베로니카가 내가 나간 사이에 한바탕 싸움을 했다는 것이다. 아내가 그 광경을 목격했는데 베로니카가 존의 집에 가서 막 소리를 질렀고, 존이 다시 베로니카 집에 가서 소리를 지르면서 말싸움했다는 것이다.

소동이 지난 뒤 베로니카는 아내에게 와서 하소연했다. 아내는 베로니카가 평소에 알은체도 잘 안 하더니 갑자기 와서 쉼 없이 말을 쏟아 내고 갔다고 했다. "옆집 존이 예의 없게 노래 소리를 줄이지 않고 마음대로 행동했어요." "이후 내가 한마디 하니 갑자기 바지만 입은 채 집에 무단으로 침입했어요." 베로니카는 대략 이런 식으로 말했다. 아내는 베로니카의 말을 조용히 듣고만 있었고 일절 대답하지 않았다. 아내 역시 존을 오랫동안 봐 왔고, 더욱이 마을 사람 대부분이 존이 문제를 일으키지 않고 마을에서 2년을 살고 있는 것을 알았다.

문제는 베로니카였다. 베로니카는 우붓에서 유명한 인사였다. 임대한 방, 집 주변 환경, 이웃 사람까지 트집을 잡고, 어떤 문제가 일어나면, 어쩌면 자신이 문제를 만들어 내면서 그것을 핑계로 월세를 지불하지 않거나 깎았다. 와얀에게도 일방적으로 말을 쏟아 냈지만, 다

베로니카의 광고가 실려 있던 소식지

행인지 와얀이 영어를 잘 이해하지 못해 그냥 넘어간 것이었다. 와얀은 그동안 스트레스 상자가 계속 쌓였고, 그러다가 존이 베로니카의 행동을 지적한 것이었다.

아무튼 한바탕 소동이 일어나고 와얀은 스트레스 상자를 그만 쌓고 싶었는지 베로니카에게 사는 날까지만 월세를 달라고 했다. 이 역시 베로니카는 거절하고, 자신이 살면서 입은 정신적 피해를 주장하면서 아주 작은 금액만 지불하고 떠났다. 와얀은 외국인을 상대하는 것이 얼마나 힘든지 알겠다는 표정으로 한숨을 쉬었다. 덧붙여 1층에 사는 우리 가족이 정말 괜찮은 세입자라는 것을 다시 확인했다고 쓴웃음을 지었다.

베로니카와 처음 인사할 때 낯익은 얼굴이라고 생각한 이유가 있었다. 아내와 베로니카의 악행을 이야기할 때 어디서 많이 본 얼굴이었다고 말을 꺼냈다. 아내는 웃으면서 책자를 하나 들었다. 우붓에서 장기 거주하는 외국인을 대상으로 발행하는 작은 소책자 형태의 정보지 뒤편에 자신의 사업을 홍보하는 베로니카가 환하게 웃고 있었다. 아내와 나는 그런 베로니카의 사진을 보고, 사람의 고민을 들어주고 해결하는 일을 하는 사람이 와얀에게 스트레스나 주지 말지 하는 생각이 들어서 배꼽을 잡고 웃었다.

와얀은 뉴꾸닝 마을의 다른 주민이 렌트 사업을 운영해 수익을 크게 얻는 것을 수년간 보았다. 와얀의 아내는 소규모 호텔에서 근무했고 와얀도 그곳에서 함께 일했다. 그러다가 와얀이 집 뒤편 가족 땅에 제법 많은 돈을 투자해 렌트할 집을 건설한 것이다. 공실 없이 임대 사업이 원활하게 진행되면 와얀이 호텔에서 일하는 것보다 3배에서 5배 정도의 수익을 얻을 것으로 예상했다. 실제로 우리 가족과 얀센이 지불한 렌트 비용이 와얀이 예상했던 딱 그만큼의 수입이었다. 부모님, 아내, 아이들, 동생네 식구가 한집에 살았지만, 와얀은 집의 대표이자 가장으로서 역할을 다했다.

하지만 임대 사업이 계속 잘될 수는 없었다. 현지 조사 동안 뉴꾸닝 마을에서 장기 거주하는 외국인은 70~100여 명으로 일정했다. 그에 비해 렌트 사업에 뛰어드는 주민은 계속 늘어났다. 결국 발리인은 외국인이 자신의 마을과 집으로 오게 하는 방법을 찾아야 했다. 이와 관련해 외국인이 우붓 인근 수많은 마을 중 왜 뉴꾸닝 마을에 거주하는지 답을 찾는 여정이 시작되었다.

*Bali, Indonesia* ————————

뎅기열이
가져다준
삶의
지혜

B A L I

영하로 떨어지는 한국의 겨울철에 발리에 들어오면 옷차림과 마음이
가벼워지고 따뜻함이 좋았다. 한국의 여름에 발리에 들어오면 한국
보다 좀 더 시원하고 습도가 높지 않아서, 때로는 30도가 넘는 기온이
기분 좋은 상쾌함으로 느껴졌다. 여러 매체와 책에서 발리의 기후를
소개하는 내용을 정리하면 다음과 같다. "발리섬 주변은 사바나 기후
에 속하며, 계절은 북서 계절풍이 부는 10월부터 3월까지 우기이며,
남동 계절풍이 부는 4월부터 9월까지 건기로 나뉜다. 연중 기온의 변
화가 거의 없는 열대성 기후를 보이며, 연간 최저 평균 기온은 약 24
도, 최고 평균 기온은 약 31도다."

어린 시절 학교에서 배웠던 기억으로는 한국은 사계절이 있어서 먹
을 것이 풍부하고, 계절마다 다양한 풍경을 볼 수 있고, 무엇보다 사
람이 살아가기에 적당하다고 했다. 발리에서 사는 삶이 길어질수록,
과거 선생님의 말씀이 무조건 옳은 것이 아니었음을 체감할 수 있었

**144** 신들의 섬을 걷는 문화인류학자

다. 발리에서 인상 깊었던 장면이 있다. 거리 곳곳에 주차된 오토바이 위에서 잠을 자는 사람이 많다는 것이다. 오토바이 위에 넓은 골판지를 펼쳐 두고 불편하기 짝이 없는 자세로 밤을 보내는 것이다.

집이 없는 가난한 사람의 이야기가 아니라 때로는 노동자, 학생, 상인 들이 각자의 이유로 오토바이 노숙을 하는 것이다. 여행객은 오토바이 노숙을 보고 동남아시아의 열악한 환경과 빈부격차를 보여 주는 장면이라고 생각한다. 하지만 이를 단순히 가난을 상징적으로 보여 주는 장면이라고 단정할 수 없다. 도리어 이를 가난의 한 형태로만 이해하는 것은 우리가 가진 편견과 무지임을 성찰할 필요가 있다. 즉, 어린 시절 배웠던 '사계절이 있어서 무조건 좋다'라는 정보가 국가주의에 의한 과도한 의미 부여는 아니었는지, 열대 지역의 삶에 오해와 일방적 폄훼는 없었는지 생각해 볼 지점이다.

아무튼 제법 살기 좋은 발리, 더욱이 남쪽 해안보다 좀 더 시원한 우붓의 날씨는 연령과 국적을 불문하고 건강을 지키기에는 유리한 환경이다. 그럼에도 한낮에 잠깐 내리는 스콜처럼, 발리의 삶에서 전혀 예측할 수 없고 준비할 수 없는 질병이 있다. 그중 하나가 뎅기열이다. 뎅기열은 열대 지방의 숲모기가 전파하는 바이러스성 질환이다. 뎅기모기가 바이러스를 가진 사람을 물었다가 다시 다른 사람을 물어 바이러스를 전파하는 것이다. 뎅기열은 백신과 치료제가 없으므로 모기에 물리지 않는 것이 최선의 예방법이다.

뉴꾸닝에서 살았던 집은 울창한 열대 숲을 배경으로 인근 계곡에서 흘러내리는 물소리가 들리는 곳이었다. 물소리, 숲에서 나는 새소리, 벌레 소리가 인근의 생활 소음을 완벽히 차단해 마음을 평온하게 해 줬다. 이러한 환경이 때로는 도시인에게는 여러 단점으로 다가오기도 한다. 특히 모기와 파리 같은 해충이 생각보다 많다. 심지어 발리 전통 가옥은 대부분 이를 방비하는 데 매우 취약한 구조다. 발리 전통식 문은 화려하지만 장식용 구멍이 곳곳에 뚫려 있어 해충이 자유롭게 오가는 통로가 된다. 처음 집에 들어올 때 이를 막아 달라고 요구하자 와얀이 우리 가족을 보면서 이해하지 못하겠다는 표정을 지은 것은 잊을 수가 없다. 위대한 조각가가 자신의 작품을 받아들이지 못하는 대중의 부족함을 타박하는 것 같은 표정이었다.

내가 살던 주택 역시 여느 발리 집처럼 모기와 파리를 중심으로 하는 다양한 해충과의 전쟁터였다. 전자식 모기약은 안 그래도 부족한 전기 콘센트를 항상 차지하고, 파리를 잡는 플라스틱 파리채는 우리 가족에게 한국에서 반드시 가져와야 할 필수품이었다. 뉴꾸닝 주민에 한정하면 한국의 플라스틱 파리채는 케이팝, 스마트폰, 화장품과 함께 한국을 대표하는 상품이었다. 특히 신생아가 함께 있었기에 모기와 파리는 항상 경계의 대상이었고 내 나름 그들과의 전쟁에서 선방했다.

하지만 미처 알지 못하게 뎅기 모기가 침투한 적이 있다. 뎅기열에 걸린 발리인의 피를 맛있게 먹고도 배가 고팠던지, 녀석은 내게 바이러스를 선물로 주었다. 뎅기열의 증상은 3일에서 14일의 잠복기 후

와얀네 집의 전통식 문

나타난다고 하니, 나에게 바이러스를 선물한 뎅기 모기에게 복수할
길도 없었다. 이후 엄청난 발열, 두통, 근육통에 시달렸다. 집에 있는
온갖 해열 성분이 있는 감기약을 먹었고, 이렇게 쓰러지면 안 된다는
생각에 과일, 닭고기, 돼지고기, 우유, 밥을 닥치는 대로 먹었다. 뎅기
열이 있으면 식욕이 없어진다고 하는데 살겠다는 의지가 뎅기열 증세
를 가볍게 제압해 버린 것이다.

  이튿날에도 아픔과 고통은 나아지지 않고 심해졌다. 마을에 있는
병원에 갈까 하다가 집에 있는 것과 비슷한 해열제나 비타민 종류만
줄 것 같아서 참았다. 날 가장 힘들게 했던 것은 체온 조절이 안 된다

는 점이었다. 온몸에 열이 올라 벌겋게 익은 기분이었지만, 체온계가 없어서 정확한 체온을 알 수 없었다. 열을 내리기 위해 해열제를 먹고 차가운 물수건을 몸에 대면 금방 오한이 들어 이불을 머리끝까지 덮어야 했다.

몇 분 또는 몇 시간이 지나면 오한은 사라지고 땀이 비 오듯이 나와 이불을 걷어차고 가쁜 숨을 몰아쉬었다. 이후 또 시간이 지나면 오한이 들어 이불을 다시 덮어야 했다. 살아야겠다는 강박에 먹은 음식들은 얼마 지나지 않아 나를 화장실로 이끌었고, 화장실 바닥에서 올라오는 차가운 기운은 다시 오한으로 이어졌다. 이러지도 저러지도 못한 상태로 그렇게 이틀이 흘렀다. 사흘째도 증상이 엇비슷했다. 뿌뚜가 방문해 뎅기열 같다고 이야기했다. 그러면서 발리 사람들도 병원에 안 간다며 그냥 약 먹고 푹 쉬면 낫는다고 했다.

나흘째 되는 날 침대와 화장실을 번갈아 가는 횟수가 점점 줄어들고 열도 미열 수준으로 내렸다. 이틀차에 먹었던 감기약이 가장 효과가 좋아 6시간이나 8시간마다 약을 먹었다. 정신없이 시간이 흘렀고 땀을 흘려 온몸에 악취가 나는 것 같았다. 따뜻한 물로 샤워하고 한숨 더 자고 나니 닷샛날 아침이 밝았다. 열과 불쾌한 감정이 언제 있었는지 기억도 안 날 만큼 몸 상태가 극적으로 회복되었다. 도리어 수면 부족과 만성적인 알코올 섭취로 일어나기 힘들었던 도시에서보다 더 상쾌하고 건강한 아침을 맞았다.

이후 현지 조사 과정에서나 그 이후 발리를 방문할 때 여전히 모기에게 특식을 제공했지만 항체가 형성되었는지 뎅기열같이 극한의 상황으로 이어지지는 않았다. 가끔 모기에 물린 후 그동안 경험해 보지 않은 가려움과 부기가 있을 때도 있지만, 알코올 성분이 들어간 물파스를 신나게 문질러 주면 괜찮아졌다.

물론 나흘간 나를 괴롭혔던 아픔이 뎅기열인지 확신할 수 없다. 증세가 유사하고 마을 주민에게 들은 말을 통해 추측할 뿐이다. 발리의 주도인 덴파사르나 관광객이 밀집한 남쪽 바닷가에 위치한 큰 병원에 가서 피검사를 받아 뎅기열의 항체를 확인하면 될 일이었다. 다만 그러면 검사비와 치료비가 필요했을 것이며, 운이 나쁘다면 상당한 금액의 입원비를 치러야 했을 것이다.

해외에 거주할 때 이런 방식으로 견디는 게 무조건 좋다고 생각되지는 않는다. 짧은 여행이라면 자국에서 저렴한 비용으로 해외여행 보험에 가입해 쉽게 해결할 수 있는 상황이었다. 나의 경우 체류 날짜를 정확하게 가늠할 수 없었고, 더욱이 해외여행이 아니었기에 보험을 들 수 없었다. 하지만 병원을 안 가게 된 결정적 이유는 주민의 지식과 경험을 믿었기 때문이었다.

비슷한 예로 발리로 여행을 떠나는 사람들이 한 번씩 겪게 되는 질병 중 하나가 배앓이 같은 수인성 질환이다. 발리를 포함해 인도네시아는 여전히 상수도 시설이 완벽하지 않고 작은 마을의 경우에는 지하수를 끌어다 사용한다. 석회질이 포함된 상수도는 끓여 먹기에 적절하지 않아 발리인들 역시 물을 사서 마시는 형편이다. 발리에서 정기적으로 했던 일 중 하나가 20리터짜리 생수통을 구매하고 오토바이로 실어 나르는 것이었다. 생수는 마시거나 음식을 할 때 사용했다. 때로는 발리 수돗물에 섞여 있는 석회 성분이 피부와 치아에 안 좋다고 해 양치나 세수할 때도 생수를 이용했다.

발리에서 음식을 먹고 나서 많은 사람이 배앓이를 경험한다. 나 역시 발리에서 배앓이를 한번 하고 나면 도리어 마음이 놓일 정도다. 여행객의 배앓이 원인 중 하나가 냉장고에 든 차가운 물이다. 기름에 볶은 음식, 열대 과일, 더운 날씨로 발리에 온 외국인은 차가운 음료수와 물을 일상적으로 마신다. 더욱이 병이나 캔으로 된 음료는 유통 문제로 뚜껑이 세균에 감염이 된 경우가 적지 않다. 나는 맥주캔을 따기 전 항상 뚜껑을 닦는 습관이 생겼을 정도다.

발리인은 오랜 경험을 통해 차가운 음료가 복통을 일으키는 원인임을 알았다. 우리처럼 냉수를 먹는 경우는 거의 없고 늘 미지근한 물을 마신다. 여건이 허락되면 재스민이나 생강을 넣은 차를 즐겨 먹는다. 인도네시아 전역에서 하루에도 수백만 병이 팔리는 떼 보톨은 재스민차 가공 음료로, 인도네시아에서만큼은 세계에서 가장 유명한 음료인 코카콜라의 아성을 이겼다. 또한 발리 현지 식당을 방문하면 에스 떼 es teh라는 차가운 차와 떼 파나스teh panas라는 뜨거운 차를 주문할 수 있다. 긴 유리컵에 우린 차를 넣고 설탕, 시럽을 많이 넣어 진한 단맛을 더한다. 더위가 주는 피로를 이기고 손실된 에너지를 보충하는 데 제격이다.

현지인이 가진 다양한 지식이 때로는 과거의 유산에서 온 것이거나 비과학적인 측면이 있을 수 있다. 하지만 비과학적이고 미신이라고 치부하기에는 지역 공동체가 함께 살아오고 이를 유지하는 데 적잖이 공헌한 측면을 무시할 수 없다. 저녁 몇 시 이후에는 마을 숲에 들어가지 말 것을 규정하는 마을 규칙이 있다. 또한 집 안에서 쉽게 볼 수 있는 도마뱀 찌짝cicak 을 함부로 죽여서는 안 된다고 주민들은 강조한다. 이를 단순히 정교화되지 않고 과학적이지 않은 어떤 믿음에서 비롯된 것으로 볼 수는 없다. 불빛이 없는 숲이 가진 위험성과 보존의 필요성 그리고 모기의 천적인 찌짝이 가진 위대한 힘은 경험을 통해 지식화의 단계에 올랐고, 축적된 경험과 지식은 현재의 우리에게 삶의 지혜로 전해내려 오는 것이다.

또한 이런 마을 공동체의 전통이 이익을 안겨 주기도 한다. 마을 숲은 관광 자원화가 되면서 돈벌이의 장이 되었다. 모기를 잡아먹는 찌짝은 깨끗한 환경에서만 서식하는 파충류로 알려져 있다. 과거 여행객들이 찌짝을 혐오하고 싫어했다면, 최근에는 자연 친화적 공간이라는 증표로 변모했다. 일부 호텔에서는 찌짝이 가진 여러 장점을 다양한 방식으로 알리면서 새로운 관광 소재로 활용한다. 찌짝을 보면 행운이 찾아온다는 식이다. 발리를 찾은 여행객에게 호텔, 집, 식당에서 만난 찌짝은 더 이상 무섭거나 징그러운 파충류가 아닌 행운을 가져다줄 생물이 되었다. 현지 조사 당시 이러한 개인적 경험과 사회적 현상, 특히 참여 관찰과 인터뷰를 통해 얻은 발리 전통문화에 여행객이 가지는 새로운 인식에 대한 논의가 있다. 다만 뎅기열에 걸린 개인적 이야기는 논문에 기술하지 못했다. 발리 문화에 대한 관광객의 인식 변화는 뉴꾸닝 주민의 '전통' 찾기 움직임에서 비롯된 변화의 출발이다.[3]

마을의 뻐쨜랑인 자야는 1990년대 초의 뉴꾸닝 마을을 이렇게 이야기한다. "90년대에는 뉴꾸닝 주민 중 관광업에 종사하는 사람이 거의 없었어요. 농업에 종사하거나 건물 짓는 인력이 제법 있었고, 일부 주민이 호텔이나 식당에서 일했어요. 관광객을 위해 게스트 하우스를 운영하는 주민도 있고 사롱이나 목공예품을 떼다가 파는 사람도 있었는데, 많지는 않았어요."

우붓의 관광지가 현재처럼 확장되지 않았기에 2000년대 이전까지만 하더라도 뉴꾸닝 마을은 평범한 농촌에 가까웠다. 그동안 소수의 관광객에게만 알려졌던 우붓이 많은 사람이 방문하는 대중 관광지가 되면서 이 지역에 새로운 변화의 바람이 불었다. 특히 유기농 식품, 계단식 농업, 요가 등으로 상징되는 생태관광에 관심 있는 여행객이 증가했다. 흥미로운 점은 이들 집단이 발리 전통에 관심을 가지면서 관련 건축과 문화 상품이 주목을 받게 된 것이다. 건강에 관심을 보이는 사람이 증가하여 자연 친화적인 요소 역시 관심의 대상이 되었다.

발리 전통문화에 대한 인식도 바뀌었다. 특히 현지 주민의 거주 공간, 현지 음식, 종교 의례는 직접적으로 관광 대상이 되면서 여행객과 현지 주민 모두에게 새롭게 인식되었다. 단순화된 도식으로 말하자면, 과거에는 '불편함', '구식', '무관심', '위험한', '이국적인 풍경'으로 인식되었던 것이 최근 들어 '자연 친화적', '안전한', '보존해야 할 대상', '함께 경험해야 할 문화적 양식'이 되었다. 이러한 변화는 이전 시대의 '전통 찾기'와 다른 양상을 보인다. 과거에는 발리 전통문화를 발굴하고 서구인의 시선으로 이를 재창조하는 과정이 주를 이루었다. 하지만 2000년대 전후로는 발리 문화 자체를 존중하고 주민 스스로 이를 실용적으로 변모시킨다.

우붓을 중심으로 이러한 사회적 변화가 확산되는 과정에서 우붓은 여행지로서 지속적으로 주목받게 되었다. 발리를 방문하는 관광객이 제법 먼 거리를 이동하면서도 한 번은 방문해야 할 공간으로 변모한 것이다. 또한 발리의 다른 지역 주민, 특히 젊은 세대가 거주하고 싶은 지역으로 떠올랐다. 뉴꾸닝 마을에서의 생활이 조금씩 안정되어 갔던 어느 날 덴파사르에 사는 아리가 첫째 아들인 오데와 함께 우리 집에 방문했다. 마을 입구에서 돈을 받는 뻐짤랑에게 내 친구라 말하고 주차비를 내지 말고 그냥 들어오라고 했는데, 아저씨에게 5,000루피아를 건넸다고 했다. 반자르는 그 자체로 하나의 세계이니 새로운 세상을 만나기 위해 입장료를 내야 한다는 아리의 설명에 고개를 끄덕이면서 반갑게 인사를 했다. "잘 살고 있어?" 아리가 물었다. "뭐 그럭저럭 살고는 있는데 조사는 잘 모르겠네." 대략 이런 대화가 오갔다. "사는 건 괜찮은데 현지 조사는 진척이 없다." "가족은 모두 잘 지내는데 논문은 진척이 없다." 뭐 극단적으로 "삶도 엉망이고 논문도 엉망이다." 같은 말이 나왔던 것도 같다. 논문을 작성 중인 연구자는 비슷한 공감대가 있을 것으로 생각된다. 당시 아리와 내 대화도 큰 틀에서는 이렇게 흘러갔다.

우리 집의 자랑인 울창한 숲과 계곡을 조용히 보던 중에 오데와 한 대화는 더욱 인상 깊었다.[4] "나중에 졸업하고 직장 잡으면 우붓에서 살고 싶어요. 직장은 덴파사르에 잡겠지만 거주는 우붓에서 하려고요. 우붓은 마을이 깨끗하게 잘 유지되고, 공동체 문화도 살아 있는 것 같아요. 외국 사람도 많이 살고 생활도 편리하고, 무엇보다 덴파사르와 달리 한적하고 날씨도 좋네요." 2002년과 2004년에 발생한 발리 폭탄 테러라는 비극적 사건의 영향도 무시할 수 없지만, 전통을 유지하는 농촌이 '살기 좋은 곳'으로 인식되면서 관광객과 함께 발리인에게도 우붓에서의 삶에 대한 동경이 생겼다. 이러한 지점이 우붓을 비롯한 인근 마을의 발전을 이끌었다.

**11**

*Bali, Indonesia* —————

발리에
사는 사람이
발리 여행을
떠나면

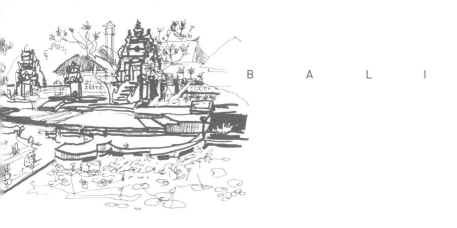

인류학 현지 조사는 꽤 오랫동안 진행된다. 박사 학위 논문을 처음 계획했을 때는 1년을 예상했지만, 실제로는 거의 2배의 시간이 걸렸다. '지역'을 종합적으로 이해하기 위한 학문 분야인 '지역 연구'를 하는 '지역 연구자'가 되기 위해 나는 발리, 우붓, 뉴꾸닝에서 현지 조사를 수행했다. 관광의 발전, 전통의 변화, 주민의 대응이 주요 연구 대상이었지만, 발리의 문화구조와 사회구조 나아가 주민의 정치적, 경제적, 사회적 관계에 대한 검토가 필요했다. 때로는 트레킹 상품 같은 생태관광에 대한 연구가 추가되었다.

당시를 회상하면 어떤 것도 장담할 수 없는, 아무것도 보장되지 않은 막연한 미래를 위해 현재를 희생하는 것은 아닌지 두려움이 공존한 시간이었다. 열대 우림에서, 도시의 빈민가에서, 국경에서 인류학자가 되기 위해, 지역 연구자가 되기 위해 길을 나서는 동료, 후배, 학생 들이 떠오른다. 걱정의 방식과 이유는 조금씩 차이가 있겠지만, 살아 보지 않은 미래에 두려움이 있다는 것은 같다.

　나는 운이 좋게도 한 번쯤은 여행하고 싶은 휴양지인 발리에서 현지 조사를 진행했다. 박사 과정 이후 발리에 대해 강연을 하다 보면 참석자들은 대개 부러운 얼굴로 나를 주시한다. 그럴 때마다 "저는 발리에 해수욕하러 간 것은 아닙니다." "발리의 한적한 농촌에서 살아서 바닷가는 분기에 한 번쯤 가 보았어요. 마을에서 바닷가는 오토바이로 거의 2시간을 이동해야 해요."라고 대답한다.

　현지 조사를 할 때, 즉 마을에서 살 때는 육체적인 피로와 함께 정신적인 피로가 가중되는 기분이었다. 뉴꾸닝 마을 공동체의 일원으로 누구보다 적극적으로 삶을 살아가는 것이 현지 조사의 중요한 방법 중 하나일 것이다. 마을의 거의 모든 일에 관여하고, 참석하고, 질문했다. 평소 주민들이 외국 관광객과 접촉이 많기는 했지만, 아내와 아이와 함께 마을 연구를 한다는 30대 초반의 한국 학생이 그들에게는 신기해 보였을 것이다. 오늘은 무엇을 하는지, 무엇을 먹는지, 누구랑 만나는지, 왜 그곳에 갔는지, 왜 나에게는 인터뷰 요청을 안 하는지 등을 궁금해했다. 물론 그런 관심이 현지 조사를 하는 데 있어 크게 도움이 된 것은 사실이다.

　그럼에도 일상에서 멈춤과 휴식이 필요하듯 현지 조사에도 멈춤이 필요했다. 관광 인류학자가 되고 싶은 인류학도에게 잠깐의 여행은 윤리적 딜레마를 해결하기에도 적당한 핑계가 되었다. 또한 아내 역시 즐거운 마음으로 환상의 섬, 천국의 섬, 신들의 섬에 함께 왔지만,

하얀 포말과 짙푸른 파도가 있는 해안가는 고사하고 '미친 닭'이 아침 잠을 설치게 하는 농촌에서 200여 일이 된 아이와 함께 지내며 지쳐 갔다.

멈춤과 휴식이 필요했고, 새로운 동기와 활력을 얻어야 했다. 한편으로는 휴가를 보내는 것이 새로운 발리 문화를 이해하는 데 도움이 될 것으로 생각되었다. 발리 남부 해안 지역인 꾸따, 사누르, 누사두아의 고급 리조트에 숙박하기에는 비용 문제가 있어 일찍이 포기했다. 또한 본격적인 현지 조사 시작 전 덴파사르에서 살았고 가끔 꾸따와 사누르에 방문해 본 적이 있었다. 무엇보다 술에 취한 관광객, 호객 행위를 하는 상인 들로 시끌벅적한 휴양지가 '잠시 멈춤'에 도움이 될 것 같지 않았다. 다른 곳을 찾아야 했다. 아이가 있기에 발리 북쪽, 마을에서 대략 4~5시간을 가야 하는 로비나 지역은 제외했다.

목적지는 번잡하지 않은 해변이 있는 곳, 괜찮은 식당과 상점이 있는 곳이었다. 아내와 책자로 된 발리 지도를 펼쳤다. 지도에서 1~2시간 내 이동할 수 있는 곳을 찾았지만 실제로 선택지는 그리 많지 않았다. 발리 서부쪽 따바난Tabanan은 16세기에서 17세기 따바난 왕국이 있던 지역이다. 비옥한 땅과 넓은 평야, 잘 갖추어진 수로관개 시설로 발리 농업의 중심지였다. 유네스코 세계문화유산으로 등재된 자띨루이 라이스 테라스Jatiluwih Rice Terrace가 있기도 했다. 자띨루이 계단식 논은 발리에서 가장 큰 600헥타르의 규모를 자랑한다. 자띨루이는 발리어로 '경이로운'이라는 의미로, 이곳의 계단식 논은 그 자체로 경이로운 풍경을 자랑한다. 다만 우리 가족에게는 '경이로운 풍경'이 크게 와닿지 않았다.

고개를 돌려 발리 동쪽에 주목했다. 어린 시절 읽었던 해적선과 숨겨진 보물 이야기를 떠올리게 하는 뚤라벤Tulamben 해안의 난파된 배가 후보에 올랐다. 관광객에게 발리섬은 훌륭한 파도 위에서 묘기와 같은 서핑을 하고, 푸르른 바다와 황금빛 모래사장에서 새로운 사랑을 만나는 곳이다. 때로는 산호초가 가득한 멋진 바닷속이 떠오른다. 뚤라벤은 해안에서 걸어서 바닷속으로 들어갈 수 있는 곳이다. 꽤 큰 배가 해안 가까이에 정박하다가 산호나 바위에 걸려 난파된 것으로 추정된다. 예인되지 않은 난파선은 산호로 멋진 장식이 되어 있고, 열대어가 주인 행세를 하고 있다.

뚤라벤의 남쪽, 우붓의 동남쪽은 깔랑아썸Karangasem 지역이다. 아들의 보모인 뿌뚜의 고향이기도 하다. 깔랑아썸 지역의 핵심은 발리에서 가장 높은 산인 아궁산이다. 날씨가 맑은 날에는 해발 3,031미터의 아궁산 정상이 발리 곳곳에서 보인다. 또한 아궁산에 위치한 베사끼 사원Pura Besakih은 힌두 발리의 원초적인 어머니 사원이다. 발리에서 가장 중요한 사원이며, 가장 큰 규모를 가졌으며, 가장 성스러운 장소다. 해발 900미터에 위치한 베사끼 사원은 평행한 능선에 놓인 6개의 경사면에 22개의 작은 사원이 군을 이루며 밀집해 있다. 또한 작은 사원 군은 그 자체로 인간과 신, 인간과 인간, 인간과 자연 사이의 균형과 조화의 필요성을 강조한 뜨리 히따 까라나Tri Hita Karana의

믿음을 표현한다.

다이빙을 할 수 없고 거리도 너무 멀어서 뚤라벤은 포기하고 베사끼 사원을 목적지로 잡았다. 숙박은 남동쪽 해안가에 위치한 짠디다사Candidasa로 정했다. 남쪽 휴양지 중 하나인 사누르에서 차로 1시간 정도 이동하면 도착하는 곳이 짠디다사다. 뉴꾸닝 마을에서 남쪽으로 차를 돌려 1시간쯤 달리다가 해안도로를 타고 30여 분을 더 가면 짠디다사에 도착한다. 남쪽 해안선을 따라 놓인 2차선과 4차선 도로 주위에 리조트, 호텔, 상점, 주택이 줄지어 있다.

1980년대 이전만 하더라도 짠디다사는 발리 동부 지역을 대표하는 해안 관광지였다. 하지만 골재 채취, 호안 벽 건설, 방파제 및 방조제 건설 등 무분별한 개발이 이어지면서 연안과 해안 지역에 침식이 발생했다. 일부 리조트가 점유한 백사장을 제외하고 대부분 파도가 높아 해수욕을 즐기기에는 한계가 있다. 우리가 머무는 기간에만 그랬는지 리조트의 수영장에까지 바닷물이 침범할 정도였다. 강한 바람과 높은 파도 소리 때문에 아이는 울고 우리 부부는 마치 바다에 처음 온 내륙 사람처럼 공포감에 사로잡혔다. 리조트 직원에게 "아무 문제 없는 거 맞아요?", "원래 이렇게 파도가 높아요?"라고 하나 마나 한 질문을 던졌다. 직원은 대수롭지 않게 "오늘 바람이 조금 거치네요. 내일 아침이면 날씨가 좋을 거예요."라고 대답했다.

해안 관광지로 영광을 누리던 짠디다사가 왜 오늘날 쇠락한 휴양지가 되었는지, 밤마다 몰아치는 바람과 주거지로 밀려오는 파도가 그 이유를 설명해 주었다. 동서로 대략 10킬로미터, 길게 늘어진 짠디다사에도 이름 자체로 기대감을 안겨 준 화이트샌드 비치White Sand Beach가 있다. 바닷가의 방풍목이 도로와 해안을 나누고, 이름과 약간은 다른 밝은 노란색을 띤 고운 모래사장이 펼쳐 있다. 브룩 쉴즈가 출연한 영화 〈블루라군〉에 나온 해안가를 보는 것 같다.

쇠락한 휴양지가 가진 서사 중 하나는 옛 영광을 잊지 못해 그곳에 여전히 머물러 있는 노인들 이야기다. 여행 책에서 소개된 핫도그 판매점은 발리 음식에 지쳐 있던 우리 가족에게 구미가 당기는 메뉴였다. 책에는 손님이 많지 않았다면 그냥 지나칠 정도로 작은 가게로 소개되었다. 핫도그 가게 방향으로 발길을 돌렸고, 작은 가게이니 주위를 유심히 살피면서 이동했다. 가게가 위치한 지점에 도착하니 손님은 거의 없었고 그냥 지나칠 정도로 작은 가게가 아니었다. 빨간색 글씨로 HOT DOG(핫도그), 분홍색과 노란색 글씨로 NO NASI GORENG(볶음밥 없음)이라 적힌 것이 인상 깊어 쉽게 지나칠 수 없었다.

식당 안으로 들어가자 여든 살은 족히 된 듯한 서양인 할아버지가 우리 가족을 반갑게 맞이했다. 미국이나 호주 해안가, 야구장에서 팔법한 큼직한 핫도그와 시원한 맥주가 나왔다. 발리섬 동남쪽의 한가로운 해안가 핫도그 상점이었지만, 흰 수염을 멋지게 기른 주인 할아버지가 그 공간을 순식간에 변모시켰다. 한국에서 온 신생아가 신기했는지 할아버지는 연신 아이에게 관심을 표했다. 한번 안아 보고, 장

난도 걸어 보고, 금세 울음이 터진 아이 때문에 당황하다가, 다시 웃는 아이를 보고 미소를 지었다.

할아버지는 호주 출신으로 발리에 거주한 지 30년이 넘었다고 한다. 처음 발리에 거주할 때는 사누르 같은 바닷가에 살다가 관광객이 많아져 복잡하고 시끄러워지자 우붓으로 이사했다고 한다. 우붓에서 오랫동안 살았는데 다시 바닷가가 그리워 짠디다사에 살고 있었다. 우붓이 점차 상업화되고 관광객이 너무 많이 늘어나는 모습이 만족스럽지 않다고 한다. 그의 말을 듣고 있으니 자연히 옆집에 살던 존과 윗집의 얀센 생각이 났다. 그들도 10년 후 더 복잡해진 우붓을 떠나 짠디다사 같은 조용한 해안 마을로 향하지는 않을까.

동북아, 좀 더 좁혀 한국인, 더욱이 신생아와 함께한 우리 가족은 항상 주변의 이목을 끌었다. 거리가 가까운 호주 출신, 즉 서양의 아이들은 뉴꾸닝과 우붓 지역에서 제법 만날 수 있었는데 한국, 중국, 일본 국적의 첫돌이 지나지 않은 아이를 만나기는 쉽지 않았다. 쇠락한 휴양지의 리조트는 객실 수가 대략 30개였고 비용이 제법 유명한 관광지의 저렴한 리조트에 비해서도 3분의 1 가격이었다. 더하여 꽤 잘 웃은 아이 덕분에 좀 더 좋은 객실로 업그레이드까지 받았다. 물론 방의 고급스러움과 크기와 관계없이 한 치 앞도 보이지 않는 밤바다에서 몰아치는 바람과 파도 소리를 피할 수는 없었다.

리조트 직원이 무심히 내뱉은 말처럼 아침 날씨는 청명하고 상쾌했다. 이튿날 아침 행선지는 발리 동쪽 끝에 위치한 아멧Amed이었다.

스노클링과 다이빙 포인트가 많은 곳이었다. 발리를 여행하는 유튜버와 블로거가, 아멧에 가는 길은 힘들지만 그 길의 끝에는 '소박한 천국'을 만날 수 있다고 소개했다. 인파에 치이고, 비싼 가격에 놀라고, 더러움에 당황스러워하던 배낭 여행객에게 아멧은 '진짜 발리' 여행을 선사한다. 짠디다사에서 출발해 몸이 뒤로 젖혀질 만큼 급한 오르막길을 굽이굽이 넘어야 도달할 수 있는 곳이었다. 여행 지도를 봐도 도로가 뱀이 똬리를 튼 것처럼 복잡해 보였다.

짠디다사에 더 이상 할 일이 없어 아멧으로 출발해야만 했다. 출발한 지 얼마 지나지 않아 4차선의 해안도로는 2차선의 산길로 바뀌었다. 초반에는 평범했던 길이 점차 높은 산을 넘기 위해 구부러지기 시작했고, 중간도 못 올라온 것 같은데 좌에서 우로, 다시 우에서 좌로 핸들을 연신 돌려야 했다. 갓길에 잠시 정차했고 아이를 살펴보았다. 유심히 살폈지만 초보 부모는 아이의 상태를 정확히 알지 못했다. 짠디다사에서 아멧 방향으로 이제 4분의 1 지점 왔으니 가야 할 길이 꽤 많이 남아 있었다. 노파심과 염려가 한꺼번에 몰려왔고, 아이가 걱정된다는 우리 부부 나름의 합리화 과정을 거쳐 온 길을 다시 돌아갔다.

좌측 통행에는 익숙해졌다 생각했는데 굽이굽이 몰아치는 길과 마주 오는 차량의 행렬에는 버틸 수가 없었다. 짠디다사의 연꽃이 있다는 호수를 방문했지만, 연꽃도 없었고 가이드북의 소개와 달리 특별함은 없었다. 해변가 근사한 식당에서 점심을 먹었다. 밥을 주문하고 숯불에 구운 생선과 소갈비를 선택했다. 삼발 소스와 먹는, 인도네시아어로 구라미 바까르<sub>gurame bakar</sub>라 하는 생선 구이와 이가 바까르<sub>iga</sub> bakar라고 하는 소갈비 구이 맛이 꽤 훌륭했다. 더하여 관광객이 많지 않아서인지 물가는 현지 주민의 기준에 맞춰 있었다.

오후 시간은 아이와 함께 밤새 바닷물이 넘나들었던, 그래서 해수와 담수가 적절히 섞인 수영장에서 물놀이를 했다. 자외선 지수를 정확히 측정할 수 없지만, 바닷가와 우붓의 햇살은 근본적으로 다름을 알 수 있었다. 물놀이를 시작한 지 10분도 지나지 않아 나와 아이의 피부가 빨갛게 익었다. 좀 더 놀고 싶어 하는 아이의 표정을 애써 외면하면서 그늘로 나와 방수 기저귀를 갈아 주고 우유를 먹이니 아이는 금세 잠들었다.

아멧 여행은 실패했고, 여행 마지막 날 예정된 브사끼 사원 방문도 쉽지 않음을 직감했다. 리조트에서 편하게 쉬다가 늦잠을 잔 후 오전 늦게 집으로 출발하기로 했다. 이상하리만큼 이튿날 저녁에도 비바람이 불고 수영장은 다시 해수와 담수가 섞였다. 아침이 밝아 오자 비바람이 잦아들다가 얼마 지나지 않아 멈췄다. 리조트 조식을 먹고 슬슬 뉴꾸닝의 집으로 출발했다.

짠디다사에서 시작된 6차선의 해안도로를 타고 가다가 북쪽으로 향했고, 2차선 도로를 타고 다시 1시간쯤 달렸다. 제법 익숙한 풍경이 차창 밖으로 펼쳐지더니 조금씩 차가 막혔다. 오늘도 우붓에는 '예술인의 마을'이라는 근사한 명칭이 붙은 공간을 여행하기 위해 수만 명이 기대감을 품고 몰려든다. 그들을 태운 차량 행렬이 끝도 없이 이어졌다. 차량 행렬 중간쯤 '잠시 멈춤'을 했던 우리 가족이 있었고, 우붓 초입에 위치한 아이리가 운영하는 상점에서 좌측으로 핸들을 돌려 차량 행렬에서 벗어났다. 이윽고 뉴꾸닝 마을에 도착했고 아이와 아내를 집에 내려준 후 마을 주차장에 주차했다. 여행을 위해 며칠간 빌린 차량은 친절한 렌트카 업체 직원이 다음 날 회수했다.

우리 가족이 '잠시 멈춤'을 했던 그 시간 동안 뿌뚜 역시 잘 쉬었을 것으로 생각했다. 부지런한 뿌뚜는 쉬는 동안 마을에 새롭게 짓는 집 현장에서 일했고, 우리 가족이 왔다는 소리에 하던 일을 멈추고 집에 잠시 들렀다. 오토바이를 타고 마을 주민에게 잘 다녀왔다고 알렸다. 여행 소식을 알지 못했던 주민들은 "그리웠어요." "보고 싶었어요." "한국으로 돌아간 줄 알았어요."라고 말도 안 되는 농담을 던졌다. 현지 조사가 다시 시작되었다.

12

우붓에
생긴
의외의 변화

B A L I

여행을 떠나는 이유는 다양하다. 휴식, 누군가와의 만남, 역사 유적 탐방 등이 여행의 목적이 될 수 있다. 새로운 현상에 강박적으로 의문을 가진 학자들은 사람들이 왜 여행을 떠나는지, 여행지에서 무엇을 경험하는지 궁금해했다. 특히 1970년대 제트 항공기가 더 많은 승객을 더 멀리 보내기 시작하면서 항공 여행이 대중화의 길로 들어섰다. 이전보다 쉽게 비행기를 탈 수 있게 되었고, 바다 건너 수백 킬로에서 수천 킬로 떨어진 장소를 단 몇 시간이면 이동했다. 적도에서 경도 1도의 거리인 111킬로미터는 도로 환경이 좋지 않은 발리에서도 두세 시간이면 이동이 가능하다.

짧은 여행부터 아주 긴 여행, 인근의 도시 방문부터 대륙을 넘어가는 여행까지 수많은 이가 경험하는 관광은 정형화된 어떤 명칭을 부여하기 힘들 만큼 복잡하고 때로는 애매하다. 이러한 복잡성과 애매함을 강박적인 학자들이 구분하고 유형별로 분류했다. 사회인류학자인 에릭 코헨Erik Cohen은 현지 사회와 얼마나 밀접하게 접촉하느냐에 따라 관광객의 유형을 분류했다. 미리 짜여 있는 계획에 따라 관광하는 '제도화된 관광객'과 스스로 여행을 기획하고 때로는 아무런 계획 없이 떠나는 '비제도화된 관광객'이다.

제도화된 관광객과 비제도화된 관광객을 다시 각각 2개의 유형으로 나누어 관광객을 총 4개 유형으로 나누었다. 물론 코헨의 이 유형이 절대적인 것은 아니다. 그는 관광객의 개인적 바람과 관광 경험에 따라 이러한 유형이 변경되거나 혼재할 수 있다고 주장했다. 이 중 관광 제도권에서 벗어나 현지 문화에 관심을 보이는 비제도화된 관광객에 대한 학자들의 관심은 계속되었다. 사회학자인 존 어리John Urry는 기존 관광객이 특정 지역을 방문하는 데 목적이 있었다면, 이제는 관광객들이 특정 지역에 대한 이해와 소통을 중시함을 강조했다. 이러한 유형의 관광객을 포스트 투어리스트post-tourist로 명명했다.

비제도화된 관광객과 포스트 투어리스트는 일상에서 접하지 못한 경험을 함으로써 즐거움을 추구하는 집단이다. 그렇다고 극단적이거나 완전히 일탈적인 행위를 추구하지는 않는다. 일탈과 이벤트가 아닌 관광지의 일상에 관심을 보이지만, 동시에 자신의 모국에서는 존재하지 않는 비일상적인 경험에 집중한다. 즉, 자신의 일상과는 조금은 거리가 먼 또 다른 일상에 관심을 보이는 것이다. 나, 이웃의 존, 윗집의 얀센 그리고 뉴꾸닝에 사는 수많은 외국인이 두 학자가 말하는 비제도화된 관광객이자 포스트 투어리스트 유형이다.

학자들이 여러 이론과 사례를 통해 여행객을 유형화하고 분류하지만, 현실에서 여행객과 밀접하게 지내는 주민과 관광객은 스스로 자신의 정체성을 드러내곤 한다. 호텔에서 단기간 거주하는 관광객을 제외하고 우붓에 오랜 기간 거주하는 외국인은 스스로를 '우붓디안ubudian'이라고 부른다. 우붓디안은 어디에 구속되지 않고, 자유로운 삶을 추구하고, 자연주의 식생활과 삶을 추구하는 사람이라는 의미로 통용된다. '예술인 마을'이라는 우붓의 별칭처럼 우붓디안은 휴양지의 그것과는 다른 여유로운 환경에서 예술의 향기를 만끽하고 있다.

뉴꾸닝 마을의 경우 2000년대 전후로 외국인 거주가 늘어났다. 단기 관광객이 점차 증가하면서 우붓에 거주하던 외국인이 뉴꾸닝 같은 인근 마을로 점차 확산된 것이다. 우붓 관광객의 증가는 2002년과 2005년의 발리 폭탄 테러, 1999년에 시행된 은퇴 이민자에 대한 특별 비자 프로그램 영향이 컸다. 발리 남부 지역에 있었던 두 차례의 폭탄 테러와 해안가보다 상대적으로 저렴한 생활비용, 선선한 날씨가 외국인이 급격하게 늘어난 요인으로 꼽힌다.

존, 얀센, 이고르와 안나 그리고 베로니카는 우붓과 그 인근 마을에 거주하는 외국인이다. 논문을 쓸 당시 나는 이들 집단을 장기 거주하는 관광객인 '거주 관광객' 또는 '거주 외국인'으로 불렀고 이들을 유형별로 분류했다. 첫 번째 유형은 요가와 자연주의를 실천하기 위한 요가인, 즉 요가 수행자를 가리키는 요기다. 조사 당시 우붓 인근에는

요가 클래스와 주택 임대 공고 등 우붓디안을 대상으로 하는 광고판

외국인이 운영하는 요가 학원이 3개가 있었다. 그 외 필라테스와 명상 등 요가와 범주가 비슷한 학원 역시 다수 존재했다. 요기들은 짧게는 일주일 길게는 1년씩 우붓에 머물면서 요가를 수행한다. 매년 두세 차례 진행되는 요가 티쳐스 트레이닝yoga teracher's trainings을 위해 전 세계에서 수백 명이 몰려와 우붓에 두세 달씩 머물기도 한다.

두 번째 유형은 은퇴 이민자다. 발리에는 약 1만 명의 호주 출신 은퇴 이민자가 거주하고, 이 중 약 10%가 우붓에 거주한다. 은퇴 이민자들은 혼자서 이주한 경우도 있지만, 가족과 함께 이주한 경우가 대부분이다. 발리 생활 초기에는 지리가 낯설어 해안가나 우붓 중심부에 거주하지만, 생활에 안정을 찾고 지역에 대한 이해가 증가하면서 뉴꾸닝 같은 마을로 이사한다. 아무래도 단기 관광객이 많은 우붓 중심부보다 주변 마을이 자연환경이 좀 더 낫고 생활 물가가 저렴하기 때문이다.

세 번째 유형은 발리 남성과 결혼한 일본 여성이다. 발리 남성과 결혼했지만 이들이 일본 국적을 포기하지 않는다는 점에서 거주 관광객으로 분류할 수 있다. 더욱이 일본 여성들은 우붓에서 커뮤니티를 구성해 그들이 가진 언어 능력과 문화적 친근함을 내세워 일본인을 대상으로 한 관광산업에 종사한다. 인류학자인 신지 야마시타Shinji Yamashita는 발리 남성과 결혼한 일본 여성은 200여 명이고 비공식적으로 400여 명에 이른다는 연구 결과를 발표했다. 나 역시 뉴꾸닝 마을에 거주하면서 수많은 일본인을 만날 수 있었고, 그들이 운영하는 커뮤니티에 참여할 수 있었다. 야마시타가 1990년대에 조사한 일본 여성들이 대체로 1960년대에 태어났다면, 내가 인터뷰했던 여성들은 1980년대생이 대다수였다.

"1990년대 후반에는 발리인과 결혼한 일본 여성이 200여 명이라고 책에서 봤어요. 지금은 그 수가 어떻게 되나요?" 일본인 커뮤니티를 운영하는 아이리에게 물었다. "여전히 200여 명에서 크게 늘어나지는 않았을 거 같아요." 아이리가 대답했다. "아이리 씨는 일본 남성과 결혼했지만 주변 친구들은 대부분 발리 남성과 결혼했으니까 20년 전보다는 그 수가 더 늘어나지 않았을까요?" 내가 물었다. 아이리는 웃으면서 다음과 같이 이야기했다. "이혼율이 높아서 비슷할 거예요. 젊을 때는 발리인의 남성다운 모습을 보고 사랑에 빠졌는데, 살아 보니 발리 생활이 쉽지 않다고 하니. 꽤 많은 여성이 이혼 후 일본으로 돌아갔다고 들었어요. 최근 들어서는 새로 발리 남성과 결혼한 여성의 수도 많이 줄어들기도 했고."

거주 관광객은 같은 언어를 사용한 집단 위주로 커뮤니티를 구성한다. 영어, 일본어, 프랑스어를 사용한 사람들이 커뮤니티를 구성해 우붓에 거주한다. 타지에 머물면서 겪는 외로움을 극복하고 정보를 교환하는 과정에서 같은 언어 사용자들이 공동체를 구성하게 된 것이다. 물론 우붓에 거주하는 외국인은 자신이 기존에 살았던 사회 문화적 환경, 즉 도시가 아닌 곳에서 어떤 정해진 틀에서 벗어난 삶을 살기를 열망한다. 따라서 커뮤니티를 도리어 자유로운 삶을 억압하는 또 다른 장애물로 여기기도 한다. 이를 극복하기 위해 커뮤니티 운영은 자율성을 기반으로 하고 어떤 소속감을 부여하지 않는 특징이 있다. 어쩌면 우붓에 거주하는 외국인, 같은 언어 공동체라는 범주는 학자들에 의해 새롭게 만들어진 유형은 아닐까 하는 고민이 공존했다.

그럼에도 커뮤니티 활성화를 위해 운영자들은 일정한 활동을 이어간다. 특히 자연주의 상품을 판매해 거주 외국인의 관심을 유도하고, 한편으로는 발리 지역 공동체의 일원으로서 역할을 하려고 한다. 즉, 지역 주민이 생산하는 채소와 과일, 관련 가공품을 소비자인 거주 외국인에게 판매할 수 있는 공간을 만들어 주는 것이다. 주말 아침에 우붓에서 제법 유명한 피자 가게 앞은 소규모 시장으로 변신한다. 멀리서 요가 매트를 멘 채 걸어 오는 요기, 얼핏 보아도 20세기에 만들어 요란한 소리를 내는 베스파를 타고 오는 금발의 남자, 먹음직스러운 딸기를 진열하는 농민이 우붓 오가닉 파머스 마켓Ubud Organic Farmer's Market에서 만난다.

우붓과 인근 지역에서 생산된 바나나, 망고, 딸기, 체리, 바닐라 빈 같은 농산물과 곡물빵, 블랙체리와 망고로 만든 콩포트 등을 거주 외국인에게 판매하기 위한 시장이다. 이곳에서 거주 외국인은 친구를 만나고, 수다를 떨고, 정보를 교환한다. 호주, 이탈리아, 프랑스, 미국 등 서구에서 온 거주 외국인이 주요 시장 이용자다. 아주 소수의 아시아 출신 거주 외국인이 있다. 현지 주민 대부분은 물건을 생산하고 판매하는 농부이자 상인이고, 물건을 구매하기 위해 이곳에 방문하는 발리인은 만나기 쉽지 않다. 유기농이라는 명칭이 붙은 만큼 현지 주민 입장에서 가격 메리트가 없기 때문이다. 시장은 오전 9시부터 오후 2시까지 열린다고 하지만 대부분 정오 즈음에 판매가 끝난다.

판매자는 자연주의를 표방하는 우붓의 식당, 카페 운영자, 농부 들이다. 우붓에서 유기농 과일과 채소를 갈아 요기들에게 판매하는 유명 카페 점원이 토요일 아침에는 시장에서 유기농 음료 상인으로 변신한다. 시장을 방문하는 외국인이 모임을 구성하거나 특별한 활동을 하지는 않는다. 도리어 최소한의 관계만을 유지한 채 주말 아침 친구

빵, 잼, 유기농 채소 등을 파는 우붓 오가닉 파머스 마켓

와 커피 한잔을 마시고 필요한 물건을 구매하고 다시 일상으로 돌아간다.

　거주 외국인의 공동체 모임이 활발하게 진행되는 곳은 일본인 중심의 오가닉 마켓이다. 매주 일요일 아침, 뉴꾸닝 대로에 위치한 식당에서 운영하는 일본인 시장이 있다. 아직 열대의 후끈함이 끼치기 전인 한가로운 일요일 오전 9시, 식당 뒤편의 대나무로 지은 약 10여 평 2층 건물에 일본인이 하나둘씩 모인다. 일본인 시장을 시작한 아이리와 키무라 부부는 자신들이 준비한 유기농 채소를 내놓았고, 다른 일본인들은 직접 만든 빵과 잼, 된장, 두부 등을 조그마한 테이블 위에 진열해 두었다. 한편에는 한국인 부부인 김하늘과 이구름이 직접 만든 김치를 판매했다.

일본인 시장은 2009년 아이리의 주도로 우붓에 거주하는 일본인이 함께 시작했다. 시장이 매주 운영되자 인근에 거주하는 다른 국적 사람들이 하나둘씩 방문하고 김하늘처럼 구매자가 판매자로 변신하기도 했다. 실제로 이날 물건을 판매하고 받은 돈 일부는 빵과 두부 등을 사는 데 다시 사용되었다. 앞서 우붓 오가닉 마켓이 좀 더 상업적 성격이 강했다면, 일본인 시장은 사람을 만나고 먹을 것을 나누는 커뮤니티를 구축하기 위해 운영된다.

"처음 시장은 어떻게 시작했어요?" 아이리에게 물었다. "일본인 여성들이 우붓에 많이 사는데 함께 하는 모임이 없었어요. 그래서 시장을 열면 만날 수 있을 것 같았어요." 아이리가 대답했다. "시장이 크게 이윤이 남을 것 같지는 않아요." "시장을 처음 열 때 매주 일요일 새벽부터 키무라는 우붓에서 북쪽 산악 지역으로 1시간 넘게 걸리는 브두굴 지역에 가서 유기농 채소와 과일을 사 왔어요. 이윤이 남기는 하지만 고생한 것에 비해 크지는 않아요. 그래도 명색이 시장이니까 채소와 과일은 있어야 할 것 같아서요." 아이리의 밝은 기운이 전해지는 답변이었다. "시장 이외 커뮤니티는 잘 운영되나요?" 내가 물었다. "매주 수요일과 금요일에는 1세부터 3세 어린이가 놀 수 있는 놀이방을 운영해요. 일본 어린이집에서 근무 경력이 있는 선생님이 일본어로 노래와 춤을 가르치죠. 약간의 비용만 내면 누구나 참여 가능한데 발리인과 결혼한 일본인 여성의 아이들이 대부분이에요." 아이리가 대답했다.

아이리는 일본인 시장을 열 때 큰 이윤을 남기는 것을 운영 목적으로 두지 않았다. 실제로 키무라가 새벽부터 왕복 2시간 거리를 운전해 사 온 유기농 채소와 과일은 다른 유기농 상점의 물건보다 낮은 가격에 판매되었다. 도리어 아이리는 시장을 운영하면서 다른 사람들의 오해로 마음의 상처도 입었고, 자신이 운영하는 식당과 상점의 경영에도 크게 도움이 되지 않는다고 말했다.

하지만 일본인 여성이 타국에 살면서 동포와 함께할 수 있는 시간과 공간을 만드는 것에 큰 가치를 두었다. 아이리가 운영하는 일본인 시장은 발리의 서퍼가 즐기는 파도처럼 여러 부침을 겪었다. 그사이 아이리의 식당은 규모가 커졌고, 아이리는 식당 인근에 유기농 제품을 판매하는 상점을 새롭게 운영하고 있었다. 때로 찾는 이가 줄어 식당 운영이 잘되지 않을 때에는 상점 문을 닫기도 했다.

외국인 커뮤니티가 구성될 만큼 우붓에서 거주 외국인이 급격하게 늘어났다. 뉴꾸닝 마을의 도로에는 호주 원주민의 목관 악기인 디제리두를 어깨에 멘 채 오토바이를 타고 달리거나, 레깅스를 입고 요가 매트를 메고 학원으로 향하는 외국인의 모습이 하나의 풍경이 되었다. 과거부터 발리 여성은 끄바야kebaya라는 재킷 형태의 윗옷과 까인 깜벤kain kamben이라 부르는 직사각형 형태에 길이가 1.5미터에 이르

발리인은 하루에 세 번씩 신에게 바치는 짜낭canang과 짜루caru를 집 주변 곳곳에 둔다

는 넓은 천을 치마 형태로 두른 전통 의상을 입었다. 의례 때 주로 입는 전통 의상이지만, 최근 들어 전통 의상을 일상복으로 착용하는 여성이 점차 증가했다. 특히 관광 분야에 종사한 주민들은 전통 의상을 마치 유니폼처럼 착용한다.

"오늘은 의례도 없는데 전통 의상을 입었네요." 마을 주민인 수라에게 물었다. "우리 어머니는 거의 매일 전통 의상을 입어요. 집에서 살림하고, 시간 되면 의례를 해야 하니까요. 근데 요즈음은 일을 하지 않는 사람이 부자라는 것을 말해 줘요. 임대 사업과 수출업에 종사하는 사람들도 일을 많이 하지 않으니까 집에서 편하게 사롱만 입고 있어요." 수라가 대답했다.

거주 외국인의 증가는 발리인이 관광업에 종사하거나 임대 사업을 하게 된 주요한 이유가 되었다. 뉴꾸닝 마을에도 거주 외국인과 관련된 일을 하는 빌라 임대 사업자, 관광객 대상으로 식당을 운영하는 사장, 관광 가이드 등 부자라는 의미인 오랑 까야orang kaya가 생겨났다. 이들 집단은 농사일을 그만두고 직접 관광 사업을 하거나, 사업장을 직원에게 맡긴다. 상대적으로 시간적 여유가 있다. 집에 머무르는 시간이 늘어나고, 종교 의례를 위해 전통 의상을 일상적으로 입는다.

또한 관광객에게 좀 더 신뢰를 주기 위해 마을 자체적으로 내규를 정하기도 했다. 뉴꾸닝 마을의 경우 운송 사업자와 마을 지킴이인 뻐짤랑은 근무 시간 중 반드시 전통 의상을 입어야 한다. 바른 복장과 친절한 태도를 관광객에게 보임으로써, 마을에 대한 긍정적인 이미지를 심어 주고 나아가 마을 발전에 도움이 될 것이라는 믿음의 발로다.

거주 외국인이 증가하면서 근 20년간 뉴꾸닝 마을은 변화하고 있다. 뉴꾸닝 주민도 사회적 변화에 적응이 필요했다. 특히 사람과 사람의 만남이 직접적으로 일어나는 관광 분야에서 적응과 변화는 더 나은 삶을 위한 불가피한 선택이었다. 거주 관광객은 주민의 집에 살고, 식당을 이용하고, 상점에서 물건을 구매하고, 도로에서 항상 만나는 존재이기 때문이다. 뉴꾸닝 주민은 거주 외국인과 함께 살아가야 했고 이를 위해 다양한 노력을 했다. 과거 관광에 관한 연구가 주로 여행지를 방문하는 관광객에 초점을 맞춘다면, 내 연구의 초점은 관광 과정에서 현지 주민과 지역 사회에 미치는 다양한 사회문화적 과정과 결과를 찾는 것이었다.

거주 관광객이 장기간 머물 곳을 찾는 데 위치, 생활 편의성, 안전성이 중요한 요소다. 이런 측면에서 뉴꾸닝 마을은 외국인이 '거주'를 가능케 하는 환경과 함께 주민의 다양한 사회문화적 실천이 동반된다. 우리 집 주위의 외국인 이웃들은 뉴꾸닝 마을이 우붓 중심부와 가까워 접근성이 좋고, 한편으로는 단기 여행자가 많이 찾지 않는 것을 장점으로 꼽았다. 즉, 뉴꾸닝 마을이 관광 제도권에서 벗어나 현지 문화를 경험할 수 있으면서도, 기존 삶의 방식을 누릴 수 있는 위치인 것이다. 어쩌면 굉장히 모순된 삶을 추구하는 것처럼 여겨진다. 이런 삶을 가능케 한 것은 차량으로는 이동할 수 없고 오토바이가 간신히 지나갈 수 있는 샛길의 존재 때문이다.

오토바이 두 대가 엇갈려 겨우 지나갈 정도로 폭이 좁은 이 길은 도로명이 없고 구글 지도에도 특별히 표시되지 않는다. 원숭이 사원 동쪽에 위치한 이 길은 편의상 '원숭이 사원 동쪽 길'로 불렸다. 우붓 중심부와 마을을 최단거리로 연결하기에 주민과 거주 관광객에게 여러모로 유용한 샛길이다. 이 길의 이용에서 주민이 거주 외국인을 어떻게 인식하고, 어떤 마을을 만들 것인가에 대한 시각차를 확인할 수 있다.

이 길에 계단을 설치하기 위해 에리얀또가 막 시멘트에 물을 섞으려던 참이었다. 지나가던 마을 주민 아리가 이를 제지했다. 에리얀또와 아리 사이에 실랑이가 벌어졌고, 급기야 서로 밀치는 수준의 몸싸움이 벌어졌다. 싸움이 계속 이어지고 이 문제는 결국 마을의 공식 회의에 안건으로 올라왔다.

원숭이 사원 동쪽 길과 관련 주민의 갈등은 이 길에 오토바이 통행을 금지하느냐의 여부와 관련이 있다. 계단을 설치해 오토바이 통행을 금지해야 한다 주장한 주민의 의견은 이렇다. 우붓에서 오토바이를 타고 온 외국인이 너무 거칠게 운전하기에 주민의 안전을 위협하고 평온한 마을 분위기를 해친다는 것이다. 계단 설치를 반대하는 주민은 원숭이 사원 동쪽 길 덕에 우붓 관광객이 뉴꾸닝 마을을 좀 더 많이 방문할 수 있고, 나아가 거주 외국인 역시 더욱 늘어날 것이라 주장했다. 매달 열리는 마을 회의에 이 안건이 올라와 의사결정 과정이 있었고, 인도네시아의 민주적 의사결정 방식인 협의를 의미하는 무샤와

원숭이 사원 동쪽 길

라musyawarah를 통해 합의를 의미하는 무파캇mufakat이 행해졌다. 결국 계단은 설치하지 않는 것으로 정해졌다.

에리얀또는 원숭이 사원 동쪽 길에 계단을 설치하는 대신 도로를 보수하는 작업에 참여했다. 다른 주민의 설득도 있었지만, 에리얀또를 비롯한 계단 설치 찬성파는 평소 알고 지내던 거주 외국인의 의견을 적극 받아들였다. 결국 이러한 과정을 통해 뉴꾸닝 주민이 마을 발전 방안을 관광에서 찾고 있음을 확인할 수 있었다. 따라서 관광 발달에 지장을 준 요소를 제거하는 데 함께 힘쓰고, 때로는 자신에게 약간의 손해나 불편함이 있어도 마을의 발전을 위해 이를 감수하는 것도 확인할 수 있다. 물론 현행을 유지하자는 주민은 마을 행사에 돈과 물품을 기부함으로써 마을 행사가 원활하게 진행되는 데 힘을 쏟았다.

거주 외국인에게 뉴꾸닝 마을이 가진 전략적 위치는 이곳에 장기간 머물게 하는 이유다. 마을은 조용하며 그렇다고 우붓과 너무 멀리 떨어져 있지 않다. 주민 입장에서 어쩌면 모순되고 불합리한 요구일 수 있다. 물론 주민 역시 이러한 요구를 무조건적으로 수용하지는 않는다. 마을 회의를 통해 주민들이 감내할 수 있는 선택을 하고 때로는 자신의 집에 거주하는 외국인에게 의견을 구한다. 거주 외국인 역시 마을 문제에 의사결정을 표명할 수는 없지만 주민에게 의사를 충분히 피력한다.

여행의 목적은 결국 어딘가를 잠깐 들렀다가 다시 집으로 돌아오는 것이다. 뉴꾸닝에 대한 좋은 기억을 갖는 관광객 역시 이곳은 지나가는 바람처럼 잠깐 스쳐 가는 공간일 수 있다. 하지만 뉴꾸닝 주민과 거주 외국인은 상호 교류와 협력을 통해 우정과 사랑 등 많은 감정을 공유하고 경험한다. 우붓과 뉴꾸닝에 거주하는 외국인은 이러한 감정을 경험하면서 삶의 원동력을 얻고 있다.

13

*Bali, Indonesia* ——————

유기농 식품과
냉장고

마주한 두 논이 매우 이질적이다. 한쪽 논에는 노란 벼가 머리를 숙이며, 다른 쪽 논에는 막 모내기를 끝냈는지 어린 모가 녹색의 싱그러움을 뽐낸다. 어린 모가 다 익기까지 3개월이 필요하다. 열대의 뜨거운 태양은 발리의 농부에게 1년에 서너 번 수확을 허락한다. 오늘은 와얀의 논에서 모내기를 돕고, 내일은 뿌뚜의 논에서 벼 베기를 하는 것이다.

마주한 논 사이, 야자수가 늘어선 이국적인 길을 따라 걸어가면 그 자체가 풍경이 되는 빌라가 줄지어 늘어서 있다. 뉴꾸닝 마을 중심에서 조금만 벗어나면 논, 열대 우림, 빌라가 조화로운 풍경을 자아낸다. 부계 혈통, 농업 양식, 대가족 제도를 바탕으로, 발리 사회의 가족은 모두 뻐까랑안pekarangan이라는 주택군에 모여 산다. 가족 세대 수에 따른 여러 개의 거주 공간, 가족 사원을 비롯한 의례용 건축물, 농사와 관련된 건물, 부엌과 곡식창고 등이 담으로 둘러싸여 하나의 뻐

멋진 풍경을 자랑하는 논과 빌라

까랑안을 이룬다. 발리인에게 담을 경계로 실현된, 특히 상가sanggah
라 부르는 가족 사원과 여러 건축물은 그 자체로 하나의 소우주다. 옆
집과의 구분은 어린아이 키보다 낮은 담장이 전부다. 1미터 내외의 담
은 뻐까랑안 사이의 구분, 즉 다른 소우주를 상징할 뿐 완벽한 차단을
의미하지 않는다.

　이에 반해 멋진 풍경 속 빌라는 하나의 건물이 수영장을 품에 안은
채 우뚝 서 있다. 건물 내부에 침실, 욕실, 거실, 화장실, 주방이 있고,
건물 앞쪽에는 수영장, 잔디밭, 바비큐 시설이 자리한다. 거주 관광객

우붓 지역에는 장기 거주 외국인을 위한 빌라 건설이 한창이다

이 우붓을 선택한 것은 따뜻한 날씨, 덜 복잡한 교통, 저렴한 생활비 때문이다. 자신이 원하는 환경을 찾아 우붓에 살지만, 그렇다고 도시에서의 삶을 포기하거나 변화를 주기는 쉽지 않기에 발리 전통 가옥이 아닌 도시의 여느 아파트와 구조가 비슷한 집을 찾아온 것이다. 그들은 아침잠을 깨우는 커피 한잔에 토스트를 먹으며 주변의 논 풍경을 즐기기를 희망한다.

빌라와 빌라 또는 빌라와 전통 가옥은 경계를 나누기 위해 이전보다 훨씬 높은 2미터 내외의 담을 설치한다. 주변과 완벽히 공간을 분리한다. 주민과 외부인의 경계를 상징하는 높은 담은 발리에서 부다야 뗌뽁budaya tembok이라는 신조어를 만들었다. 벽이나 담벼락을 의미하는 '뗌뽁'에 문화를 의미하는 '부다야'가 합쳐진 것이다.

공간 분리와 경계는 주민과 빌라에 거주하는 외국인이 상호 교류할 기회가 적어지는 것을 의미한다. 거주 관광객이 발리, 우붓, 뉴꾸닝 마을에 거주하지만 지역의 역사와 문화를 이해하지 못한 채 함께 살아가는 것이다. 즉, 부다야 뗌뽁은 거주 관광객과 주민 사이의 단절된 관계, 상호 이해의 부족, 다른 문화적 양식을 은유적으로 표현한다.

거주 외국인과 주민의 다른 생활 방식은 일본인 시장의 이용 여부와 필수 가전 중 하나인 냉장고 사용에서 확인할 수 있다. 일요일 아침 우리 가족은 아이리와 키무라가 운영하는 일본인 시장을 방문했다. 시장을 방문하는 사람들과 인터뷰하는 게 주목적이지만, 시장이 주는 활기참과 먹음직스러운 음식 때문에 해야 할 일에 집중을 못한 경우도 꽤 있었다. 오토바이를 타고 5분쯤 달려 도착한 시장에서 우리 가족은 반찬을 시식했고, 몇몇 물건을 구매했으며, 사람들과 대화했다. 이는 현지 조사가 주는 부담감, 염려, 막연한 걱정을 잠시나마 잊게 했다. 사람마다 발리에서 사는 여러 이유가 있지만 삶, 특히 낯선 곳에서의 삶이 주는 고민과 힘듦은 누구에게나 있을 것이다. 일요일 아침 한두 시간, 고향의 시장에서 본 듯한 음식이 주는 힘은 위대했다.

두부, 김치, 빵, 일본 가정식 반찬 등 한국, 중국, 일본 사람이면 알

만한 음식이 판매되었고, 한편에서는 키무라가 새벽부터 먼 거리를 달려 사 온 신선한 유기농 농산물을 판다. 양파, 딸기, 파파야 등이 조그마한 가판대에 풍성하게 놓여 있었다. 특히 열대 지역에서도 해발 1,000미터 이상에서만 재배되는 딸기는 시장을 방문하는 이들에게 큰 인기였다. 키무라 역시 평소 비싼 유기농 농산물을 저렴한 가격에 판매해 만족스러워 보였다.

관광객은 발리에서 도시와는 다른, 천혜의 자연환경이 선사한 품질 좋은 채소와 과일을 마음껏 먹을 수 있을 것으로 생각한다. 출신 국가의 경제력에 따라 체감하는 물가가 다르지만, 발리 역시 유기농 농산물은 저렴하지 않다. 장을 볼 때 몇 번이나 장바구니에 넣고 빼는 게 일상이다. 유기농 농산물이 비싼 것은 여러 이유가 있지만 당연히 주된 이유는 생산량에 비해 수요가 많다는 것이다. 특히 이를 소비하는 집단이 외국인에게 편중되는 측면도 크다. 어느 정도 경제력이 있는 외국인, 특히 거주 관광객이 소비해 주니 유통사들이 더 많은 이윤을 남기려 하는 것이다.

장기 거주 외국인이 주로 이용하는 일본인 시장과 유기농 농산물을 발리인은 어떻게 생각할까? '부다야 뗌뿍'처럼 거주 외국인과 현지 주민이 어떤 사회문화적 관계를 맺는지를 알 수 있는 사례다. 우리 가족은 일본인 시장에서 만족스럽게 장을 본 후, 다시 집으로 돌아왔다. 오랜만에 먹는 딸기, 푸석한 식사 빵이 아닌 단팥빵은 '행복한 일요일'을 만들어 주었다. 요리를 위해 사 온 야채도 주방 한편에 잘 정리해 두니 '오가닉'이 주는 이미지처럼 몸과 마음이 정화되는 듯했다.

월요일 아침, "할로, 슬라맛 파기(안녕, 좋은 아침입니다)."를 외치면서 들어온 뿌뚜는 밤새 아이를 돌보느라 비몽사몽한 우리 부부를 깨웠다. "슬라맛 파기(좋은 아침입니다). 조금 쉬다가 아이 일어나면 돌봐주세요." 내가 말했다. 뿌뚜는 늘 밝고 웃는 얼굴로 인사하고, 특유의 씩씩함을 지닌 부지런한 사람이었다. 아내는 지금도 그때 뿌뚜가 없었으면 갓난아이를 어떻게 돌보았을지 아득하다고 회상한다. 뿌뚜는 주방을 정리했고, 나도 뿌뚜 옆에 붙어서 마을에 대해 이야기를 나누었다. 오늘 마을에 어떤 의례가 있는지, 특별한 행사가 있는지, 어제 있었던 마을 회의는 별일 없이 잘 끝났는지, 옆에 있는 빌라에 새로운 외국인이 들어왔는지 등을 물었다.

한참을 이런저런 대화를 나누다가 망고 관련 이야기가 나왔다. "우붓에 있는 슈퍼에 방문해도 질 좋은 망고가 없어요. 망고 색도 전부 다 녹색이고. 저번에도 하나 사 왔는데 망고가 노란색으로 바뀌지 않아 결국 썩어서 그냥 버렸어요. 어제도 시장에 갔는데 온통 녹색인 망고밖에 없고." 내가 말했다. "그건 그린 망고인데, 슈퍼에서 사서 하루 이틀 지나면 금방 물렁해져요. 그때 먹으면 딱 맛있어요." 뿌뚜가 말했다. 그린 망고라니. 괜히 아까운 망고만 버리고 있었다.

한참을 그린 망고에 대해 묻다가 어제 갔던 일본인 시장 이야기를 뿌뚜에게 했다. 뿌뚜는 마을에서 1킬로미터 내외, 오토바이를 타고

5분이면 이동하는 일본인 시장을 전혀 몰랐다. "뉴꾸닝 거리에 있는 와룽 소파Warung Sopa 알죠. 교차로에서 우회전하면 바로 보이는 식당 있잖아요. 거기에서 매주 일요일마다 일본인이 운영하는 시장이 있어요. 유기농 채소랑 두부도 판매하고." 내가 말했다. "아니요. 그런 게 있는지 처음 들었는데요." 뿌뚜가 말했다. "그곳에 시장이 생긴 지 몇 년 되었는데. 들어 본 적도 없어요?" 다시 물었다. "잘 몰라요. 들어 본 적도 없고, 원래 외국인들끼리 하는 건 마을 사람들은 잘 몰라요."

뿌뚜는 발리 동쪽에 위치한 깔랑아썸 출신이다. 고향에서 고등학교를 졸업한 후 꾸따, 사누르 등에서 일하다가 20살에 뉴꾸닝 마을의 한 공예품 가게에서 일을 시작했다. 그러다 남편인 남붕을 만났고, 이듬해 결혼을 했다. 조사 당시 뿌뚜의 나이가 30살이었으니 대략 10여 년을 뉴꾸닝 마을 공동체 일원으로 살아온 것이다.

하지만 뿌뚜는 일본인 시장의 존재를 알지 못했다. 마을 주민 대부분이 뿌뚜랑 비슷한 상황이었다. 그 이후로도 우리 가족은 일본 사람이 만든 빵과 두부를 구매하기 위해 거의 매주 시장을 방문했지만, 뉴꾸닝 주민이 장을 보기 위해 일본인 시장에 오는 일은 없었다. 이는 무엇보다 두 집단이 가진 삶의 방식이 다르기 때문이다. 몇 주가 지난 후 나는 일본인 시장에서 발리인과 결혼한 일본인과 인터뷰를 진행했다. 인터뷰를 무사히 마친 후 이날 나온 채소 중 꽤 싱싱해 보인 토마토가 마음에 들었다. 키무라는 아침에 가져온 유기농 토마토라며 1킬로그램에 1만 루피아라고 했다. 대략 2킬로그램을 구매한 후 오토바이를 타고 집으로 돌아왔다. 평소 내가 장 보는 것에 크게 만족하지 않던 아내 역시 토마토가 싱싱해 보인다면 흡족해했다.

다음 날 뿌뚜는 아이를 돌보기 위해 우리 집에 방문했다. 어제 구매했던 토마토를 보여 주며 먹어 보라고 권했다. "일본인 시장에서 유기농 토마토를 1킬로그램에 1만 루피아에 구매했어요." 어린 시절 엄마가 내린 첫 심부름을 성공한 아이처럼 뿌듯함에 찬 말투로 뿌뚜에게 말했다. "토마토가 1만 루피아나 해요? 시장에서는 1킬로그램에 3,000루피아 정도면 살 수 있는데." 뿌뚜가 말했다. "그럼 마트는 엄청나게 비싸게 팔고 있는 거네요. 외국 사람들은 일본인 시장이 마트보다 훨씬 저렴하다고 생각하는데." "원래 발리가 그래요. 외국인 물가하고 현지인 물가가 완전히 달라요. 아마도 현지인 중에 일본인 시장에서 물건을 구매하는 사람은 없을 거예요. 혹시 있다고 해도 발리사람이 아니라 자카르타 사람일 거예요." 세상은 여전히 배울 게 너무나 많다고, 아들을 가르치는 엄마의 말투로 뿌뚜가 답했다.

그렇다면 뿌뚜 같은 뉴꾸닝 마을의 어머니들은 가족을 위해 어떻게 음식을 마련할까? 사람마다, 가족마다 처한 상황에 따라 조금씩 차이가 있겠지만, 발리인의 식사는 대체로 식탁이나 주방에 음식을 차려 놓고 각자가 자유롭게 음식을 가져가 먹는 방식이다. 식탁 중앙에 물 한 방울 새지 않을 만큼 촘촘하게 짠 대나무 바구니가 있고 그곳에 흰쌀밥이 소복하게 쌓여 있다. 주위에는 반찬이 서너 가지 정도 있다. 채소, 고기, 생선이 발리의 따뜻한 햇살이 만든 다양한 양념과 함께 조리되어 있다. 전 세계 여느 학생처럼 발리의 학생들도 늦잠을 자 바쁜 아침을 보낸다. 식탁 위 밥과 반찬을 자신의 접시에 담은 후 허겁지겁 먹고 학교로 향한다. 호텔로 출근하는 남편 역시 아침을 먹은 후 출근을 서두른다. 아내는 남은 음식이 있으면 그 위로 먼지가 앉거나 벌레가 들어오지 않도록 덮개를 올려놓은 후 출근을 서두른다.

뉴꾸닝 마을의 어머니들은 아침 7시 전후로 학교에 가는 아이를 위해 늦어도 6시 30분까지는 아침 식사를 마련한다. 이를 위해 새벽 5시에 일어난 후, 마을 인근의 싱아꺼르따 아침 시장Singakerta Pasar Pagi을 찾는다. 뿌뚜 역시 아침부터 오토바이를 타고 시장에 갔다. 닭과 돼지고기 같은 육류와 구라미 같은 생선, 공심채 같은 채소를 구매한다. 그 외 바나나, 망고, 파파야 등 과일과 의례를 위한 다양한 제수용품을 판매하는 상인도 있다. 싱아꺼르따 시장은 상설 시장이지만, 그렇다고 상인이 자신의 가게에 물건을 가져다 놓지는 않는다. 새벽 4시 전후로 물건을 간단히 진열한 후 아침 8시까지 판매한다. 더 이상 시장 손님이 없으면 그날 가져온 물건을 전부 다 치워 아침 장사를 끝낸다. 따라서 아침 10시 이후 싱아꺼르따 시장을 방문하면, 나무와 시멘트로 만들어진 매대만 덩그러니 남아 있다.

뿌뚜는 아침 시장에서 하루나 이틀 정도 먹을 식재료를 구매한다. 식재료는 주방에 놓고 기간 내 다 소비한다. 따라서 냉장고에 보관할 음식이 따로 있지 않다. 마을 의례나 특별한 집안 행사가 없는 평상시, 하루 분량의 식재료비는 대략 2만에서 3만 루피아다. 뿌뚜의 일당이 대략 5만 루피아 전후이기에, 총 가계 지출액 중 엥겔지수가 꽤 높은 편에 속했다. 따라서 발리인이 거주 외국인처럼 유기농 식품을 구매하는 것은 현실적으로 어렵다.

물론 이런 생각도 들었다. 유기농 식품을 찾는 것은 건강한 음식을 먹기 위함이다. 뿌뚜가 매일 아침 시장에서 구매하는 농수산물은 '인증'을 받지 않았지만 어떤 다른 식재료보다 건강하고 친환경적으로 생산되었다. 아침 시장에 뉴꾸닝을 비롯해 인근 마을 주민이 모이고, 상인이자 농부인 이들은 더 일찍 농작물을 수확하고 닭과 오리를 손질한다. 실제로 우붓의 마트, 일본인 시장, 아침 시장에서 구매한 채소가 남아 각각 보관하면 비싸게 구매한 상품이 신선도가 가장 먼저 떨어지는 마법과 같은 일이 발생한다.

물론 뿌뚜는 우리 가족과 같은 경험을 할 일이 없다. 거의 모든 식재료를 구매 당일이나 이튿날 소비하기 때문이다. 더욱이 초등학생 저학년 아이의 키와 비슷한 작은 냉장고는 제 역할을 수행하지 못했다. 냉동실은 안 그래도 작은 공간이 성에로 가득 차 있고, 냉장실 역시 그 흔한 우유나 시원한 콜라 하나 발견할 수 없다. 물론 날씨의 영향인지 인도네시아는 냉장 유통이 필요한 일반 우유보다 보관이 용이한 멸균 우유가 더 많이 소비된다.

실제로 뉴꾸닝 주민의 집을 방문해 보면 냉장고 사용 빈도가 매우 낮았다. 인터뷰를 진행할 때 주민들은 환영의 인사와 함께 물이나 과일주스 그리고 손쉽게 먹을 수 있는 리치, 람부탄, 살락, 과자 등을 작은 접시에 담아 대접했다. 물은 냉장고에서 꺼낸 것이 아닌 정수기 물이나 페트병에 든 생수를 주었다. 주민의 생활 수준이 점차 높아지면서 과거와 달리 냉장고가 없는 집은 거의 없지만, 여전히 냉장고가 주방의 주요 가전기기는 아니다.

어느 인터뷰에서 한참 땀을 흘리던 내게 주민이 플라스틱 컵 위에 비닐이 덮여 있는 생수를 내주었다. 잘 구부러지는 빨대를 비닐에 '딱' 꽂으니 내가 인도네시아에서 제법 오랜 기간 살았다는 것이 느껴졌다. 날씨가 제법 더운 나날, 동북아시아 출신인 나는 시원한 얼음물이 항상 필요했다. 하지만 냉장고도 잘 사용하지 않는 집에서 얼음은 고사하고 시원한 물도 찾기 쉽지 않았다. 조사 기간이 길어지면서는 차가운 커피와 물을 거의 마시지 않았다. 미지근한 물에 적응하기도 했고 발리에서 유통되는 얼음에 불신이 있기 때문이었다.

발리에서 집을 구하기 위해서는 광고지 뒷면이나 마트 인근에 있는 입간판을 우선적으로 찾는다. 페이스북과 인스타그램 등 SNS도 활용되지만, 월세가 저렴한 집은 여전히 오프라인에서 찾을 수 있다. 거주 외국인을 대상으로 하는 임대 사업에서 다음 세 가지 조건이 임대료를 결정하는 주요 요소다. 에어컨을 의미하는 아쎄AC, 온수를 의미하는 핫 워터hot water, 인터넷을 의미하는 와이파이Wi-fi다. 도시인의 집에서는 당연한 것이 이곳에서는 당연하지 않다. 더욱 흥미로운 것은 냉장고는 옵션의 범위에도 포함되지 않는다는 점이다.

조사 기간 우리 가족이 살 집을 구하기 위해, 거주 외국인은 과연 어

발리인과 외국인은 작은 섬에서 함께 살아간다

떤 집을 찾고 거주하는지를 알아보기 위해 집 임대와 관련된 수많은 사람과 인터뷰하고 광고 전단지를 뒤적거렸다. 하지만 '내가 임대하는 집에 성능 좋은 냉장고 있음', '우리 집에는 양문형 냉장고가 있어서 월세를 더 받음'이라고 하는 광고는 본 적 없다. 발리를 잘 모르는 외국인은 냉장고가 있는 것이 너무 당연하니 홍보하지 않는다고 생각하지만, 실제로 냉장고가 옵션에 포함되지 않는 집이 많다.

　가족과 함께 발리에 도착하고 뉴꾸닝 마을에서 집을 구하기 전, 나흘 정도 호텔과 게스트 하우스에서 머물렀을 때 일이다. "방에 냉장고가 없는데 어떻게 하지?" 내가 말했다. "주인한테 물어봐. 어떻게 냉장고가 없냐." 아내가 말했다. "그러게. 호텔에는 있었는데 게스트 하우스에 오니까 없네." 난처해하면서 다시 말을 건넸다. "고추장, 고춧가루는 어떡해, 아이 이유식도 문제고." "주인에게 물어볼게." 대답은 했지만 없을 것이 분명했다. 아내에게 댈 적당한 핑곗거리를 머릿속에 담고 자리를 떠났다. "공용 공간에 냉장고가 있기는 한데 얼마나 오래 안 썼는지 냉동칸에 성에만 가득하네." 아이를 안은 아내와 눈을 마주치지 못한 채 게스트 하우스 주인에게 이 모든 상황을 떠넘긴다는 말투로 말했다.

　그 뒤로 집을 구할 때 냉장고 여부를 항상 물어보았다. 냉장고가 없는 집에 들어갈 때는 집주인과 기나긴 협상을 했다. 월세를 조금 인상하거나 냉장고 구매 비용을 절반씩 지불하는 방식으로 냉장고를 설치했다. 마을에 거주 외국인이 늘어나고 냉장고가 그들에게 필수 가전기기라는 생각이 점차 공유되었다.

사회문화적 배경의 차이는 일상에서 특정 물품의 인식 차이로 나타난다. 조금 확대 해석하면 거주 외국인에게 냉장고는 생존에 필요할 만큼 중요한 물건이다. 이에 반해 열대 날씨에서 평생을 살아 온 뉴꾸닝 주민에게 냉장고는 편의성을 조금 높이는 가전기기일 뿐이다. 다른 문화적 경험과 생활양식, 다른 국적 그리고 일상과 여행지라는 차이를 가진 서로 다른 두 집단이 발리, 우붓, 뉴꾸닝 마을에 거주하고 있다.

14

*Bali, Indonesia* —————

사라지는 것들
사이에서
다시
떠오르는 것

발리 남부 해변 위에 떠 있는 적도의 태양처럼, 발리는 1년 내내 기온 변화가 거의 없다. 태양력으로 1년은 365일, 발리의 사카력saka으로 1년은 354일이나 355일, 발리 고유 달력인 우쿠력wuku으로 1년은 210일이다. 그중 어느 것을 기준으로 하더라도 기온의 변화가 없는 것은 분명하다. 발리의 기후가 11월부터 이듬해 4월까지는 우기로, 5월부터 10월까지는 건기로 구분되지만, 그렇다고 계절마다 심각한 기온 변화가 있지는 않다.

　남부의 해안가에서 우붓으로 가는 길 주변에는 빼곡하고 울창한 숲, 층층이 쌓인 농지, 세월의 풍화를 맞은 화석암으로 지어진 사원이 있다. 기어봉을 잡은 왼손은 1단에서 2단, 2단에서 3단으로 바꾸고, 이와 동시에 두 발은 클러치, 브레이크, 액셀러레이터를 번갈아 밟거나 때로는 동시에 밟는다. 클러치를 아주 살살 떼지만, 오르막이 연속해 나오자 베테랑 운전사도 시동을 꺼뜨리면서 멋쩍은 미소를 짓는

다. 휴대폰으로 확인하지 않아도 차량은 북쪽으로, 높은 지역으로 이동하는 것을 알 수 있다.

과거와 달리 우붓으로 향하는 길이 확장되고 도로에 아스팔트가 깔리면서 이곳이 가진 신비함은 점차 사라졌다. 영화에 나온 고고학자나 탐험가가 밀림 속에서 사라진 옛 도시를 발견한 것처럼 극적이지는 않지만, 2000년대 초반 우붓 초입에 도착한 여행객은 조금의 신비함과 아득한 감흥을 느꼈다. 인종과 국적이 다른 예닐곱 명의 청년, 청년의 상반신과 비슷한 크기의 배낭이 90년대 초반에 생산된 낡은 도요타 승합차에 실려 있다. 그렇게 겨우 엉덩이만 붙이고 있다 도착한 것도 한몫했을 것이다. 차 안보다 더 시원한 우붓의 서늘한 공기는 남쪽 해안의 더운 열기가 생각나지 않을 만큼 청량감을 선사한다. 우붓 주민이 긴 장대에 돼지의 네발을 묶어 메고 지나가고, 새끼 오리가 엄마 오리를 따라 차량 통행에 아랑곳하지 않고 뒤뚱뒤뚱 줄줄이 걸어가고, 아이들이 주뼛거리면서 서로 눈치를 보다가 용기를 내어 외국인에게 말을 거는 모습이 외부인에게 여행의 즐거움과 만족감을 선사했다.

낯선 여행지의 풍경, 정취가 주는 감흥은 형용할 수 없다. 개인이 가지는 감흥의 깊이 역시 다르다. 확실한 것은 역사적으로 대략 100여 년간 우붓을 방문한 수천만 명은 이곳에서 여러 감정을 경험했고 이러한 경험이 책, 음악, 그림 그리고 말로 전해지고 공유되어 왔다.

하지만 21세기 들어 우붓에는 지난 100여 년간 방문한 사람의 수와 비슷한 수의 관광객이 몰려들었다. 시간의 축적으로 만들어진 유무형의 자산은 조금씩 변형되었고 비슷비슷한 복제품을 생산해 냈다. 이를 못마땅하게 여긴 거주 외국인은 점차 우붓을 벗어나 뉴꾸닝 마을 같은 인근 마을로 이동했고, 이들이 떠난 공간은 새로운 감정을 경험하기 위해 여행을 온 관광객들로 채워졌다.

다국적 회사의 커피 전문점, 편의점, 의류 매장이 우붓 곳곳을 점령했다. 밀림 속 예술의 향기가 넘치는 이 공간도 점점 도시화와 현대의 물결에 휩쓸려 떠내려가고 있다. 현대화와 도시화가 가져다준 편의성과 효율성이 있기에 현지 주민도 이를 충분히 누리면서 만족감을 표한다. "언제까지 우리만 전통을 지키면서 농촌에 살 수는 없어.", "24시간 편의점, 스타벅스 같은 유명 카페도 있어야지. 동네 슈퍼가 편의점보다 물건이 더 비싸." 점점 사라지는 우붓의 옛 정취를 그리워하는 거주 외국인과 관광객에게 새로운 대안이 필요했다. '우붓 앓이'를 하는 이들에게 이 공간이 주는 특유의 낙천성과 긍정적인 분위기를 경험할 수 있는 일종의 관광 상품이 필요한 것이다.

길 건너편에는 진흙이 잔뜩 묻은 장화를 신고 챙이 넓은 모자를 눌러쓴 채 논두렁을 살피는 농부가 있다. 팔에 돋아난 힘줄과 검은 피부는 열대의 태양이 선사하는 상징과도 같다. 얼굴, 몸, 팔, 다리는 쉬지 않고 움직이지만, 농부가 서 있는 계단식 논은 발리의 고요한 아름다움과 전통을 단번에 알려준다. 녹음이 짙은 정글을 헤치다가 마주

뉴꾸닝 마을에서는 여전히 농사일에 전념한 농부를 볼 수 있다

한 층층이 쌓인 논, 때로는 고요하게 때로는 폭풍처럼 흘러가는 아융강Ayung이 어우러진다. 논과 강 옆에 수십 미터 높이의 코코넛 나무가 무심하게 서 있다.

농부는 깊은숨을 토해 내면서 코코넛 나무 옆에 떨어진 열매를 하나 움켜쥔다. 허리춤에 있는 칼을 꺼내 열매 윗부분을 정교하게 자른 후 코코넛 워터를 들이켠다. "오늘도 외국 관광객이 많네. 수고해." 그는 가이드를 하는 마을 청년에게 말을 건넨다. 시선은 논두렁 위를 위태롭게 걷는 관광객을 보고 있다. "네. 오전에는 8명, 오후에는 5명이 예약되어 있어요. 손님하고 함께 사진 찍어 줄 수 있어요?" 가이드가 마을의 어른이자 농부에게 부탁한다. "뭐 돈 드는 일도 아닌데. 내가 그쪽으로 갈까, 아니면 손님들한테 이쪽으로 내려오라고 할까?" 미소를 머금은 채 관광객을 바라보면서 농부가 대답했다. 가이드는 1만 루피아 지폐 한 장을 좌우로 네 번 정도, 가로세로 3센티미터 크기로 접은 후 농부와 악수하면서 슬쩍 건넨다.

영화 〈먹고 기도하고 사랑하라〉에서 줄리아 로버츠가 연기한 주인공 리즈는 과거를 잊고 새 출발을 하기 위해 발리로 향한다. 스크린에 펼쳐진 발리의 첫 풍경은 파도가 바위에 부딪쳐 부서지는 청록색 바다와 논, 야자수, 밀림이 어우러진 장면이다. 이후 너무나 평온하고 고요하지만 한편으로는 생동감이 넘치는 농촌에서 리즈는 여유로운 표정으로 자전거를 탄다. 그녀의 주위는 이제 막 모내기가 끝난 초록 모가 어깨를 마주한 채 심겨 있다.

1년 전 주술사 끄뜻Ketut을 만났을 때 슬픔과 걱정이 얼굴에 묻어 있던 리즈. 다시 발리에 돌아온 그녀는 논으로 둘러싸인 집을 거처로 정한다. 영화는 발리의 유명한 관광지부터 잘 안 알려진 해안과 마을까지 스크린에 온전히 담았다. 특히 출연진의 집과 이웃의 풍경은 발리 전통과 농촌의 평온함을 담기 위해 노력했다. 더욱이 리즈의 상대역인 펠리페로 분한 하비에르 바르뎀의 집은 뉴꾸닝 마을에 위치한다. 영화 내내 우붓의 사람과 풍경이 조화롭게 어울려 보는 이의 마음을 설레게 한다.

극 초반과 달리 평온한 얼굴을 한 줄리아 로버츠와 우붓의 평화로운 풍경은 새로운 장소에 대한 동경으로 다가왔고, 많은 사람을 '우붓 앓이'의 당사자로 변모시켰다. 유럽과 북미, 동북아시아에서 관광객이 몰려왔다. '관광객이 아닌 여행객처럼Be a Traveler, Not a Tourist' 진정한 여행을 즐기고자 하는 사람이 늘어났고, 관광객이 붐비는 남쪽 해변을 떠나 여행객이 되기 위해 북쪽으로 향했다. 자전거를 빌리고 창밖으로 논이 펼쳐지는 집을 임대했다. 낮에는 요가 학원을 다니거나 현지 예술가에게 전통 춤과 그림을 배우러 다녔고, 밤에는 분위기가 괜찮은 곳에서 식사하고 살사클럽이나 라이브 밴드가 있는 술집을 다녔다.

사실 우붓의 날씨와 지형 때문에 자전거를 타는 것은 쉽지 않다. 실제로 대부분의 거주 외국인은 120cc 이하의 스쿠터를 더 선호한다. 논 풍경이 펼쳐지는 집은 벌레가 생각보다 많고 접근성이 좋지 않다는 단점도 있다. 우붓 생활이 길어지면서 거주 외국인이 집을 선택하는 기준이 논 풍경이 아닌 생활의 편의성으로 바뀐다. 요리, 그림, 요가, 목공예 등 다양한 프로그램은 지루한 일상에 청량함을 준다. 하지만 영어, 프랑스어, 일본어 등 같은 언어를 사용하는 사람과의 교류만 늘어나기에 현지인과 접점이 줄어든다.

여행 일정이 짧은 관광객이 우붓에서 영화 속 감동을 경험하기는 더욱 힘들다. 빈땅과 하이네켄과 같은 맥주 회사의 로고가 그려진 싸구려 티셔츠, 남성 성기 모양 병따개, 재떨이를 판매하는 우붓 시장은 분명히 리즈가 있던 우붓이 아니다. 자전거를 빌려 우붓 곳곳을 다니지만 오토바이와 차량 때문에 자유롭지 않고 비 오듯 땀만 날 뿐이다. 그들은 요가, 그림, 요리 등 관심 가는 활동에 참여하면서야 잠시나마 여행객의 기분을 느낀다.

그럼에도 관광객은 리즈가 자전거를 타고 다니던 논과 길 그리고 현지 주민의 모습이 궁금하다. 푸른 자연을 즐길 수 있는 매혹적인 트레킹 코스는 우붓 곳곳에 위치한다. 관광 안내 책자에 소개된 트레킹 코스인 짬뿌한 릿지 워크Campuhan Ridge Walk는 우붓 왕궁의 동쪽에 있는 짬뿌한 다리 근처에서 시작한다. 이 길은 이른 아침 안개가 채 걷히기 전 소먹이를 주기 위해, 논에 있는 풀을 뽑기 위해, 배수로를 점검하기 위해 다니던 농부의 길이었다. 열대림과 논의 풍경이 그리 높지 않은 산마루에 펼쳐져 있다. 관광객이 점차 증가하면서 길은 점점 더 넓어졌고, 반듯하고 네모난 돌이 질서정연하게 놓인 길도 생겨났다.

특별히 이정표가 없었던 과거와 달리 트레킹 코스에 카페와 식당 등이 여럿 있다. 짬뿌한 다리에서부터 트레킹 길을 따라 한참을 걷다 보면 힌두교 사원이 나오고 마을 초입에 이른다. 짬뿌한 트레킹은 가이드 없이, 특별한 장비도 필요 없이 아침이나 늦은 오후에 산책처럼 다녀오기 적당하다.

짬뿌한 릿지 워크와 달리 전문성과 비전문성의 경계에 있는 가이드가 필요한 트레킹 코스도 있다. 이 가이드들은 우붓과 특정 반자르에 대한 전문적 지식은 뛰어나지만, 관광객에게 영어로 안내하고 설명하는 데 여러 부족한 점이 있다. 그럼에도 현지 가이드는 관광객과 농부, 관광객과 마을 주민, 관광객과 거주 외국인과 만남에 있어 중계 역할을 한다. 트레킹 참가자는 발리의 뛰어난 풍경과 함께 그 속에 녹아든 주민과의 만남에서 또 다른 즐거움을 찾는 것이다. 현지 가이드의 역할로 인해, 결국 에코 투어리즘의 일종인 마을 기반 여행 community based tourism 이 우붓에서 활발하게 진행되는 것이다.

관광객이 트레킹에서 만나는 풍경은 어떻게 만들어지고 누구에 의해 유지될까? 발리섬이 관광지화 되기 이전부터 벼농사는 발리인에게 가장 중요한 생업 수단이었다. 섬 남쪽을 기준으로 대략 3분의 2 지점에 2,000미터에서 3,000미터의 산맥이 위치한다. 화산섬이라는 환경적 특징은 인간이 살아가는 데 다양한 도전이 되었다. 급경사가 진 지형 때문에 특히 물관리와 토양 유실을 방지하는 데 힘써야 한다. 고대 발리인은 화전을 통해 경작지를 개간했지만 그것만으로 토양의 비

옥도를 유지할 수 없었다. 농경지에 물을 인위적으로 공급하는 관개 수로가 필요했고, 관개 수로의 유지를 위해 수리조합이 필요했다.

수리조합이자 관개 수로를 일컫는 '수박'은 발리 전통 생산체계를 구성하는 핵심 요소였다. 고고학자와 인류학자의 연구에 따르면 관개 수로 시설 설립을 위해 정치권력이 생기고 청동기와 철이 사용된 것은 대략 2,000년 전으로 거슬러 올라간다. 정상에서 흘러내린 물을 최대한 오랜 시간 동안 효율적으로 가두어야 했고, 이를 위해 발리인은

신들의 섬을 걷는 문화인류학자

수백 명의 협력으로 만들어진 계단식 논 수박

산의 등고선을 따라 논둑을 쌓았다. 산 정상의 논과 아래의 논, 산의
동쪽과 서쪽에 층층이 그리고 좌우로 나뉜 땅에 빠짐없이 물을 전달
할 수 있는 수로를 구축한 것이다. 이를 보수하고 관리하기 위해 주민
간의 상호 협동을 위한 조직이 구성되었다. 특히 물의 관리와 더불어
엄청난 노동력이 필요한 모내기와 추수 등을 위해 농업 생산체계 전
반에서 효율적 관리가 요구되었다. 발리 지역 수박은 상대적으로 작
은 규모의 농토를 중심으로 구성되고, 대략 100명에서 200명의 조합

원으로 구성된다.

발리 수박의 구성원은 탑-다운 방식의 의사결정 구조를 따른다. 수리조합의 대표자인 뻐까세pekaseh는 수박과 관련된 최고 의사결정 회의인 상끄빤sangkepan의 의장이다. 원칙상 상끄빤은 발리력으로 35일마다 진행되는데, 최근 들어 1년에 두 차례 정도 개최된다. 상끄빤 회의는 물의 분배와 관리, 세금 납부와 관련한 회계, 의례의 시기와 규모 등을 논의한다. 반자르 대표를 형식상 투표로 뽑는 것과 유사하게 뻐까세도 토지의 주인인 끌리안 수박kelian subak이 투표로 선출한다. 하지만 공식성과 비공식성이 항상 교차하는 발리의 조직 운영 논리에 따라, 뻐까세 선출은 구성원이 합의한 후에 투표라는 절차를 따른다.

끌리안 수박은 농사를 짓는 토지를 지칭하는 뗌뻭tempek의 수장이다. 수박은 하나의 화산 호수에서 여러 개의 수박 조직으로 파생되고, 계곡이나 강줄기를 따라 설치된 댐이 여러 개의 수로로 분화된다. 끌리안 수박은 각 뗌뻭에 들어가는 물의 입·출입을 관리하고 특히 보의 건설과 보수 등 기술적인 부분을 담당하는 경우가 많다. 발리 수박은 대체로 계곡이나 강줄기를 따라 북쪽에서 남쪽으로 수로가 건설되기에 물줄기가 지나가는 농토를 중심으로 조합이 구성된다. 이에 반해 발리의 전통 마을인 반자르는 계곡이나 강줄기를 따라 생성되지 않았기에, 수리조합과 마을 구성원이 일치하지 않는다. 한국과 중국을 비롯한 동북아시아 지역의 수리조합이 대부분 마을 구성원을 중심으로 구성된 것과 다른 방식이다.

뼈까세 한 사람과 끌리안 여러 명이 운영하는 수리조합이지만, 이를 운영하는 데 있어 규정집인 아윅-아윅의 존재는 중요하다. 아윅-아윅에는 농업 생산, 조직 구성, 회계 관련 규칙 등이 기술되어 있다. 과거에는 아윅-아윅이 구전되거나 야자수 잎으로 만들어진 론따르 lontar에 기술되었지만, 현대에 들어서 규약이 재정비되면서 성문화 작업이 이루어졌다. 각 수리조합의 특성에 따라 아윅-아윅의 내용이 상이한데, 대체로 농토 경작을 위한 협동 일정, 의무적 협력 방안 규정, 수박 사원에서 관련 의례를 진행하기 위한 규칙과 일정 등이 기술되어 있다.

특히 수리조합 운영에 있어 사원의 존재가 중요하다. 반자르마다 위치한 사원과는 달리 각각의 수리조합은 쌀의 신이자 풍요를 상징하는 데위 스리 dewi sri를 위한 사원을 세운다. 뉴꾸닝 마을에도 뉴꾸닝 수박이 존재하고 이를 위한 수박 사원이 자리한다. 뉴꾸닝 수박 사원이라는 명칭이 붙었지만 구성원이 온전히 뉴꾸닝 마을 주민과 일치하지 않는다. 뉴꾸닝 수박 조합원의 3분의 2는 다른 반자르 주민이다.

밀, 귀리, 조, 수수, 보리, 벼, 옥수수, 콩 등 인류에게 곡물은 기본적이며 중요한 식재료였다. 특히 과일, 채소, 고기와 달리 곡물은 장기간 보관이 가능하기에 인류에게 탄수화물을 안정적으로 제공해 주었다. 발리인의 주식인 쌀은, 발리 문화의 핵심이었다. 모내기를 하고, 제초 작업을 하고, 수확하는 과정에서 기술적 발전이 있었고 다른 사람과 협동해야 할 필요도 생겨났다. 먹거리를 기르고 남은 먹거리를 다른 사람에게 판매하는 과정에서 생산과 소비의 경제관념이 도입되었다. 농작물을 기르는 과정에서 실패와 성공의 경험이 교차했고, 보이지 않는 존재에 대한 막연한 두려움이 생성되었을 것이다. 기술과 사람의 힘으로 해결할 수 없는 상황에 처하면서 종교적 측면이 강조되기도 한 것이다.

기존에 경험하지 못했던 또 다른 폭풍우가 발리인에게 밀려왔다. 인종과 국적이 다른 사람들이 섬을 방문했다. 그들은 파도가 높아 물고기도 잘 잡히지 않는 해안가를 좋아했다. 넓고 긴 판자를 타면서 행복해했다. 판자 놀이가 지겨워졌는지 마을 의례에 필요한 목공예와 그림에 관심을 보였다. 그들은 예술품을 비싸게 구매해 주었고, 모내기를 막 끝내고 들어온 고단한 농부에게 그림 그리는 방법을 배웠다. 주도인 덴파사르와 관광지인 꾸따는 제법 살기 편해졌다. 비가 오면 넘치던 하수구가 정비되었고, 지하수가 아닌 상수도관이 집마다 설치되었다. 고층 건물도 하나둘 들어서고 백화점과 쇼핑몰은 주말마다 아이의 손을 잡고 방문하는 발리 사람으로 붐볐다.

지역 발전을 이끄는 기술 혁신과 이와 연계된 산업이 활발해지면서 전 세계에 점차 농촌은 사라지고 도시가 그 자리를 메워 나갔다. 영국인, 미국인, 한국인, 일본인은 과거 차로 한두 시간 거리에 있는 농촌을 방문해 자연이 주는 정취를 느끼면서 마음의 평화를 찾았다. 하지만 끝도 없이 펼쳐지는 초원과 그곳에서 유유자적 풀을 뜯는 가축은 사라진 지 오래다. 이들은 수십 시간을 이동한 끝에 인도양, 남태평양의 경계에 있는 작은 섬인 발리에 도착한다. 적도의 뜨거운 태양이 만들어 낸 열대 우림이 주는 풍족함에 열광했다. 또한 열대 우림 사이에 숨어 있던 인공적이지만 너무나 자연적인 논을 발견했다. 그렇게 발리의 수박은 관광객의 시선에 포착되었다.

15

*Bali, Indonesia*—————— 숲속의
신비한 논을
관광
코스로

발리에 막 도착한 여행객은 흐르는 시간을 멈추고 싶을 만큼 설렘이 가득하다. 유럽과 미국에서 수십 시간, 동북아에서 7시간 가까이, 인근의 동남아시아에서도 두세 시간을 이동해 도착한 이 섬이 기대될 것이다. 남태평양과 인도양 사이, 범위를 좁혀 보면 자바해와 발리해의 물결이 합류해 흙과 돌을 떠받친다. 화산이 분화되었고, 가스로 하늘이 어두워졌고, 용암이 흘러 땅이 뒤틀렸다. 몇 달이 지난 후 햇살이 다시 이 섬을 비추자 뒤틀린 땅은 신의 조각품으로 변모했다.

'신들의 섬, 발리'라는 명칭은 힌두 신전에 있는 수많은 신으로부터 시작되었을 것이다. 서양인은 신을 위해 음악, 건축, 공예품, 그림을 헌사한 발리인의 외경심과 신앙심에 감탄했다. 비록 외형상으로 인간이 거주하는 공간이지만, 이 공간의 진짜 주인은 보이지 않고 형태가 없는 신이 아닐까 상상했을 것이다. 시간은 흘렀고, 발리섬 중남부에 위치한 우붓에서 신에게 헌사한 예술작품들의 향연이 펼쳐졌다. 여행객은 우붓을 '예술인의 마을'로 칭하면서 서구와 현지 예술가의 작품 세계에 깊게 빠져들었다.

뉴꾸닝 마을에서 남쪽으로 차를 몰고 20여 분을 가면 바뚜안Batuan 이라는 지역에 도착한다. 이 지역명이 붙은 바뚜안 양식은 인간, 신, 동물을 조그마한 화폭에 세밀하고 빼곡하게 구현한다. 그림에 표현되는 다양한 조형물은 반복성과 상호 엇갈림이 극명해지면 새로운 형태와 패턴을 만들어 낸다. 때로는 바뚜안 사람들의 일상을 묘사한다. 동물을 기르고, 낚시를 하고, 사냥하는 모습이 담긴다. 일상을 표현하지만, 이 역시 신에 대한 또 다른 방식의 헌사와 경외로 이해된다.

20세기 초, 우붓에 거주했던 서구 예술가는 발리 예술가가 표현했던 종교적 테마와 신들을 위한 헌사 성격의 예술에는 관심이 없었다. 발리의 독특한 문화, 아름다운 풍경, 전통 그리고 이국적인 모습의 주민이 그들의 눈에 들어왔다. 길게 솟은 코코넛 나무, 층층이 쌓인 논밭 풍경, 화려한 꽃과 식물이 관심사였고, 의례 장면과 그곳에서 펼쳐지는 화려한 춤사위가 예술의 대상이 되었다. 서구의 예술가는 자연과 인간이 만드는 이야기를 예술로 승화시켰다. 신을 위한 이야기가 파고들 여지는 없었다.

하지만 서구의 예술가가 우붓에 거주하고 주민과 만나면서 새로운 장이 열렸다. 타종교, 타문화, 다른 사람에 대한 이해의 과정에서 예술의 새로운 방향성이 정립된 것이다. 신과 인간, 인간과 자연, 자연과 신의 조화를 삶의 최우선 가치로 여긴, 즉 발리인의 삶의 방식인 뜨리 히따 까르나Tri Hita Karana 철학이 예술로 발현되었다. 발리의 자연환경과 함께 인간이 만들어 내는 다양한 문화가 작품의 대상이 되었다. 동시에 다수의 회화 작품이 관광객의 호기심을 자극하고 판매되었다. 예술을 고급과 저급으로 나눌 수 있는지 의문이 있지만, 공장 컨베이어 벨트에서 생산된 공산품처럼 비슷한 그림이 계속해서 캔버스에 옮겨졌다. 녹색과 노란색을 배경으로 펼쳐지는 발리의 자연과 계단식 논이 화폭에 담기고, 이는 다시 관광객이 끌고 온 캐리어에 실려 먼 길을 떠났다. 비록 정형화되고 유사한 그림이 계속 그려졌지만, 아니 생산되었지만 발리의 풍경은 관광객의 호기심을 자극하기에 충분했다.

관광의 변화 역시 주목된다. 풍요로운 자연을 경험하는 것은 가장 처음부터 시작된 관광의 한 형태다. 발리 관광 역시 구릿빛 가슴을 드러낸 여인이 팜나무와 출렁이는 바다 앞에 서 있는 이미지와 함께 '천국의 섬'으로 이 공간을 표상화하면서 시작되었다. 하지만 관광객의 증가는 필연적으로 환경 파괴, 수자원 고갈, 전통문화의 훼손을 동반했다. 꽤 근사하고 잘 정돈된 고급 리조트에서 물놀이를 즐기는 관광객과 달리, 발리인의 주거지는 점차 황폐해졌다. 하수도는 쓰레기로 가득 차 자주 범람했고, 백사장과 해안은 밀려오는 쓰레기로 몸살을 앓았으며, 상수도가 부족한 상황에서 지하수는 오염되고 말라 갔다. 발리 주정부, 시민단체, 거주 외국인을 중심으로 '그린 발리'로 대표되는 환경 담론이 공통의 관심사로 떠올랐다. 특히 환경오염이 지역민의 건강권을 위협한다는 근본적인 인과관계는 환경오염 문제에 대한 주민의 인식을 환기했다.

사회 곳곳에서 생활 오폐수 관리를 위한 정화통 건설 지원, 쓰레기 분리수거, 지역 주민을 대상으로 하는 환경 교육 사업 등이 실시되었다. 주민들 역시 환경오염이 결국 발리 관광산업 발전에 치명적임을 여러 경험으로 확인했다. 뉴꾸닝 마을에서 주민을 동원해 마을을 청소하고, 쓰레기를 소각하는 행위를 금지하는 등의 환경 정화 활동을 지속적으로 실천하는 이유다. 깨끗한 환경이 주민의 건강뿐만 아니라 관광의 발전과도 연결됨을 체감했기 때문이다.

우붓의 뛰어난 자연환경과 계단식 논의 풍경은 새로운 관광의 시작을 알렸다. 에코 투어리즘이라 부르는 생태관광은 늘 비슷한 여행에 지친 이에게 새로움을 부여하고 여행이 환경오염을 유발한다는 윤리적 딜레마를 극복할 수 있는 방안이 되었다. 지역 주민에게는 환경을 보호하고 마을 전통을 이어 가는 새로운 길을 안내했다.

여러 종류의 생태관광 중 우붓을 중심으로 활발히 진행 중인 상품은 트레킹이다. 우붓 왕궁 인근의 관광안내소를 방문하면 다양한 트레킹 프로그램을 소개하는 전단지가 손님을 기다린다. 굳이 관광안내소를 방문하지 않아도 호텔, 식당, 슈퍼마켓 한편에 트레킹과 관련된 광고를 쉽게 발견할 수 있다. 트레킹이 처음 시작될 때에는 우붓 라이스 필드 하이킹ubud rice field hiking처럼 수박과 반자르를 체험할 수 있는 프로그램이 대부분이었다. 이후 트레킹 관련 수요가 늘어나면서 다양한 유형과 형태의 상품이 개발되었다. 바뚜르 선라이즈 트레킹 batur sunrise trekking처럼 해발 2,500미터 이상의 산에 올라 일출을 보는 상품도 있다. 또한 발리 정글 하이킹bali jungle hiking처럼 다양한 동식물이 가득한 열대 우림을 걷고, 아름다운 호수에서 카누의 패들을 저으면서 자연이 선사하는 신비로움을 체험한다.

현지 연구를 위해 이런 트레킹을 체험했다. 썩 내키지는 않았다. 발리의 계단식 논과 열대 우림은 관광객에게 신비롭고 경이로운 풍경이지만 내게는 일상이었다. 계단식 논과 그 길을 이어 주는 논길, 물을 연결하는 수로는 뉴꾸닝의 농부를 만나기 위해 여러 차례 방문했다. 여기에 대략 3일 치 밥값을 내야 하는 것은 쉽지 않은 선택이었다. 안타깝게도 선택의 여지는 없었다. 그래도 그동안 무서워서 가 보지 않은 열대 우림에 들어가 보는 것, 다른 반자르를 방문해 보는 것 그리고 전통 발리식 점심 식사를 먹는다는 것에 위안을 삼았다.

왕궁 옆 관광안내소를 방문해 트레킹 상품을 살펴보았다. 안내소 직원에게 영어로 트레킹을 하고 싶다고 말하니, 대략 가로 300밀리미터, 세로 210밀리미터인 3단 리플릿을 줄줄이 책상 위에 펼쳤다. 가격은 대부분 20달러에서 30달러 사이라고 설명했다. 당시에 환율이 1달러에 대략 1만 2,000루피아였으니 24만 루피아에서 36만 루피아 사이였다. "달러로 트레킹 비용을 지불해야 해요?" 내가 물었다. "달러나 루피아 둘 다 상관없어요." 안내소 직원이 대답했다. "학생인데 할인 같은 것 없나요?" "할인은 없어요. 일단 어떤 트레킹을 할지 결정

하시면 가이드에게 다시 물어볼게요." 직원이 대답했다. "저렴하고, 특히 계단식 논과 수로를 많이 볼 수 있는 상품으로 추천해 주세요. 돈은 루피아로 지불할게요." 학생인 것을 다시 강조하기 위해 등에 있는 백팩의 어깨끈을 만지면서 말했다. "네, 잠깐만 기다려요. (손으로 리플릿 하나를 가리키면서) 수이따라는 가이드가 진행하는 트레킹으로 하시죠. 수이따가 영어도 잘하고 수박을 잘 알아요." 직원은 이윽고 전화를 걸었다. "남성 한 분이 수박을 볼 수 있는 트레킹을 가고 싶고, 내일 오전에 했으면 하고, 돈은 루피아로 지불한다네요." 이윽고 직원은 트레킹 시간이 내일 아침 8시이고, 비용은 30만 루피아이며, 산속을 걸을 예정이니 편한 신발을 신고 오라고 했다. 그렇다고 엄청 힘든 길은 아니니 너무 걱정은 하지 말라며, 혹시라도 예약을 취소할까 봐 걱정하는 투로 말을 건넸다. "비용은 지금 낼까요? 아니면 내일?" "내일 가이드에게 직접 주면 됩니다." 친절한 직원은 그렇게 내 이름을 예약증에 적으면서 대답했다.

건기여서 며칠 날씨가 맑았다. 하루에 한두 차례 소나기가 지나갔지만, 몇 분 안 지나 다시 멈추고 뜨거운 태양 빛이 잎사귀에 붙은 물방울을 금세 증발시켰다. 새벽녘에 내린 비 소리 때문인지 와얀이 키우는 닭 울음소리 때문인지 아니면 트레킹의 설렘 때문인지 평소보다 일찍 잠자리에서 일어났다. 아니, 트레킹의 설렘은 아니었을 것이다. 그래도 평소 잘 먹지도 않는 아침밥을 챙겨 먹고 몇 번 안 신은 운동화를 챙겨서 집에서 나왔다. 새벽에 비가 와서 그런지 도로는 젖어 있었지만 평소보다 더 상쾌한 공기가 오토바이 헬멧 안으로 파고들었다.

여행객이 분주하게 오가는 관광안내소로 가 빠끼르parkir라고 부르는 주차 아저씨에게 3,000루피아를 건네면서 오토바이를 오후까지 잘 보관해 달라고 부탁했다. 이윽고 관광안내소에서 투어가이드인 수이따를 만났다. 단추가 3개쯤 있는 반소매 티셔츠를 입고 바지 대신 의례 때 입는 긴 천인 까인 깜븐kain kamben을 두 번 정도 감고 있었다. 수이따에게 오늘 잘 부탁하다고 인사한 후, 인도네시아어와 영어를 적절히 사용해 설명을 부탁했다. 수이따의 차를 타고 우붓에서 동쪽으로 30분 정도 이동을 했다.

포장도로가 끝나고 비포장도로를 10여 분 달려 오늘의 목적지에 도착했다. 수이따는 주차를 했고 본격적인 트레킹이 시작되었다. 저 멀리에 아주 넓은 계단처럼 논이 차곡차곡 쌓여 있었다. 수이따는 수로를 따라 걸으면서 발리의 수박을 설명했다. "이 수로를 따라 걸으면 그 끝에 조그마한 댐이 있어요. 그곳에서 수로가 다시 두 갈래로 나뉘고, 갈라진 곳을 기준으로 수박 조합도 나뉩니다." 수이따가 설명했다. 논길, 수로, 열대 우림을 따라 30분쯤 걷다 보니 저 멀리 마을이 보였다. 마을 입구에 도착하자 수이따는 철을 제련하는 대장간을 설명했다. "이게 발리의 전통 철 제련 방식이에요. 농사와 가정에 쓸 칼과 도끼를 이곳에서 만들어요."

대장간을 지난 후 본격적으로 마을이 보였다. 관광객이 거의 방문할 일이 없는 농촌이었다. 수이따는 나를 본인의 집에 데리고 간 후 차

열대 우림 속에 자리한 논

농사를 짓는 농부

갑게 언 물을 하나 건넸다. 얼마 지나지 않아 노부부가 방에서 나왔고, 수이따는 부모님이라고 소개했다. 간단히 인사한 후 다시 길을 나섰다. 발리 전통 건축 양식이 남아 있는 집을 방문했고, 집의 구조와 생활 방식에 대해 간략한 설명을 들었다. 가이드 경험이 많은지 수이따의 설명은 거침이 없었다.

　마을을 빠져나와 다시 수박이 펼쳐진 논길을 따라 이동하다가 원시 자연림이 빽빽하게 펼쳐진 숲속으로 이동했다. "새벽에 비가 와서 길이 젖어 있으니 안 미끄러지게 조심히 이동해요. 혹시 힘들면 쉬었다

논 근처에 자리한 식당

가도 상관없으니 천천히 가자고 말하고요." 수이따는 친절하게 앞으로의 여정을 설명했다. 원시 자연림으로 들어가자 한낮이었는데 주변이 제법 어두워졌다. 수이따를 따라 조금 걸었더니 조그마한 폭포가 보였고, 떨어지는 물줄기에 머리를 가져다 대 더위를 날려 버렸다. 길은 계속되었다. 온대성 기후에서는 볼 수 없는, 이름을 알 리가 없는 제법 큰 나무와 식물이 우리를 둘러쌌고, 멀리서 새소리가 들려왔다. 환상적이라거나 몽환적이라는 느낌은 없었고 평소보다 산소가 많은 공간에 머문다는 느낌은 들었다. 깊은 산속에도 인간이 만든 수로를 따라 물줄기가 흘렀고, 수로가 연결된 지점 곳곳에 크고 작은 계단식 논이 위치했다.

원시림을 헤매는 기분이 들었지만, 수이따는 자신이 어린 시절부터 다닌 길이라고 설명하면서 염려를 단번에 해결해 주었다. 느낌상 산의 정상에는 오르지 않고 둘레를 한 바퀴 둘러 이동하는 듯했다. 거의 2시간 가까이 원시림, 수로, 계단식 논을 정말 원없이 본 뒤 마을로 이동했다. 수이따 집에 다시 들렀고 아침에 인사했던 수이따의 부모님이 준비한 나시 짬뿌르를 먹었다. 흰 쌀밥을 접시 중앙에 담은 후, 주위에는 삶은 달걀, 삼발 소스 두 가지, 돼지고기, 야채 두 가지를 올렸다. 음식은 맛있었지만, 발리 음식을 접하지 않았던 외국인이 맛있게 먹을 수 있을까 하는 생각은 들었다. 다른 한편으로는 오전에 거의 서너 시간을 걸었더니 아무 음식이나 맛있게 먹지 않을까 싶기도 했다.

점심을 먹은 뒤 수이따는 좀 더 보고 싶은 게 있는지 물었다. 항상 발리 음식의 1인분이 조금 부족해서 그런지, 아니면 계단식 논을 열심히 돌아다녀서인지 트레킹을 그만 끝내고 싶었다. "오늘 트레킹 너무 재미있었고 유익했어요. 점심도 너무 맛있게 잘 먹었습니다." 조금은 형식적인 말을 한 후 차량에 탑승했다. 수이따는 나를 관광안내소에 내려주면서 명함을 건넸다. 그는 "다음에 또 만나요."라는 말을 남기고 떠났다. 시간은 오후 1시 30분이 지나가고 있었다.

아침 8시에 수이따와 처음 만난 후 오후 1시 30분까지 대략 5시간 30분을 현지 주민과 함께 우붓 여행을 한 것이다. 비록 여행객과는 조금 다른 목적을 가지고 시작한 트레킹이었지만, 열대 우림을 걷는다는 것, 숲 곳곳에 조금은 신비하게 위치한 계단식 논을 보고, 비탈진 곳에 물을 대기 위해 조성된 수로를 따라가며, 발리 전통 마을과 주택의 구조를 알아 가는 것, 아들의 사업에 조금이나마 도움을 주기 위해 노력하는 부모의 모습 등은 학문을 넘어 여행이 한 인간에게 줄 수 있는 최선의 감동이었다.

수이따를 불러 앉혀 놓고 준비한 질문지를 건네면서 "자, 지금부터 인터뷰를 하겠습니다."라고 하지는 않았다. 이런 방식의 인터뷰가 효율성 측면에서 더 나은 선택일 수 있지만, 인터뷰 대상자가 자유롭게 자신의 생각을 전달하는 것을 막는 방법이라는 생각이 들 때가 많았다. 언어적 한계도 분명하고 인터뷰 시간도 한계가 있기에 보통 마을 주민이 아닌 사람과 인터뷰할 때는 대부분 질문지를 준비해 갔다. 다행히 수이따와는 제법 긴 시간을 함께 '고생'을 하면서 여행했기에 자유롭게 질문을 던지고 대답을 들을 수 있었다. 훗날 논문에 수이따와 나눈 5시간 30분간의 대화를 요약하고 편집해 실을 수 있었다.

당시 수이따는 우붓 트레킹 가이드 일을 한 지 6개월 정도 되었다. 처음에는 조그마한 여행사에서 주선한 관광객을 데리고 가이드 일을 했다. 그러다가 자신이 사는 마을을 중심으로 트레킹 코스를 구성했고 이후 프리랜서로 일한다고 한다. 손님 1명당 20달러를 받고, 5달러를 관광센터에 소개비로 주고, 기타 점심 비용과 간식 비용을 제외하면 대략 손님 1명당 10달러는 남는다고 했다. "오늘처럼 트레킹 참가자가 한 분이면 힘만 들고 남는 게 없어요." 푸념을 하면서 다음에는 친구나 가족을 데리고 오라고 웃으면서 강요했다.

우붓 지역은 에코 투어리즘의 일환으로 트레킹 열풍이라고 할 만큼 다양한 걷기 프로그램이 운영 중이다. 관광 상품 개발과 운영은 주민이 자체적으로 추진하거나 거주 외국인과 동업을 해서 진행한다. 트레킹 사업이 부가가치가 높다는 소문이 돌면서 관광업 종사자가 하나둘씩 업체를 열었고, 지금은 대략 10여 개 업체가 우붓을 중심으로 활동한다. 트레킹 상품은 크게 자전거 트레킹과 도보 트레킹으로 나뉜다. 상품의 운영 방식은 업체별로 상이하지만, 관광객의 요구는 명확하다. 발리의 자연, 특히 수박을 관찰하고 체험하는 것이다. 계단식 논이 가진 장대한 광경이 관광객의 주요 관심사이고, 멀리서 지켜보던 계단식 논에서 주민을 만나고 직접 체험하는 것에 큰 의미를 둔다. 이에 발맞추어 트레킹을 운영하는 업체들 역시 전망이 호화스러운 계단식 논을 가진 수박 조합을 섭외하기 위해 노력한다.

현지 조사 당시 스바뚜 마을에 있는 드위도 호텔 매니저 일을 하면서 부업으로 관광 관련된 일을 계속해서 시도했다. 같은 반자르의 후배들과 함께 우붓에 빌라를 구매한 후 임대를 놓거나, 식당을 운영하기도 했다. ATV, 정글 스윙, 은세공 등의 액티비티를 업체와 연결하는 중개업도 병행했다. 트레킹 사업이 우붓에서 활발하게 진행되자, 드위는 스바뚜 마을의 장점을 살려 자전거 트레킹 사업도 시작했다. 스바뚜 마을은 우붓을 병풍처럼 품은 낀따마니Kintamani 화산 지대에 위치한다. 주위에 바뚜르 화산과 산정 호수가 그림처럼 펼쳐져 있다. 드위는 반자르의 후배들과 함께 자전거를 구매했고, 그들에게 영어를 교육시키고, 참가자들에게 발리 전통과 반자르의 역사를 설명하기 위해 대본을 짰다.

스바뚜 청년들의 자전거 트레킹 사업이 본격적으로 운영되기 전, 드위는 뉴꾸닝 마을 현지 조사를 마치고 우붓에 있던 나를 첫 번째 손님으로 초대해 주었다. "가이드가 아직 완벽하게 대본을 외우지는 못했어. 낀따마니 가서 같이 자전거 타고 내려오면서 동생(마을 청년들)들이 잘하는지 한번 봐 줘." 드위가 말했다. "낀따마니 처음 가 보는데 나야 좋지. 매일 오토바이만 타고 다니니까. 이번 기회에 자전거도 타고 운동도 하겠네." 낀따마니의 자랑은 화산재가 만들어 낸 고원, 스멀스멀 연기가 피어나는 온천, 2,000미터가 넘는 산과 그곳에서 힘차게 올라오는 열대의 태양이다.

낀따마니의 일출을 보기 위해, 해가 뜨기도 전에 우붓에서 출발했다. 오토바이를 타고 1시간을 달려 스바뚜 마을에 도착했다. 도착하니 드위와 마을 청년인 꼬망, 마데가 기다리고 있었다. 뒤쪽에 자전거를 실을 수 있는 지프차를 타고 낀따마니로 출발했다. 드위는 손가락으로 창문을 가리키면서 저기 끝까지 올라갈 거라고 설명했다. 2차선 도로지만, 조금 폭이 좁아 흡사 1.7차선 정도 되는 산악도로를 차를 타고 달렸다. 다들 일출을 보기 위해서인지 정상 방향으로 올라가는 차량과 오토바이가 1.7차선 도로를 가득 메웠다. 가끔씩 산에서 내려오는 차량이나 오토바이가 있으면 재빨리 한쪽으로 피했다. 그렇게 30여 분을 달리니 낀따마니에 도착했다.

일출까지 시간이 조금 남았지만 주변이 점차 밝아졌고, 우리는 커피와 바나나 튀김으로 가볍게 아침 식사를 마쳤다. 그다지 날이 좋지 않았다. 이미 어둠이 물러가 있었지만, 정작 주인공인 열대의 태양은 구름에 가려 보이지 않았다. 낀따마니에 일출을 보기 위해 올라온 것은 아니니 자전거를 지프에서 내렸다. 지프를 운전한 아저씨에게 드위가 돈을 얼마 준 후 본격적인 자전거 다운힐이 시작되었다. 나, 드위, 꼬망, 마데 이렇게 4명이 페달을 힘차게 밟았다. 산 아래로 내려가는 길은 1시간 전에 올라왔던 1.7차선 도로가 아닌 차가 다니기에는 힘든 좁은 콘크리트 도로와 샛길이었다.

나는 초행길이어서 자전거를 타고 내려오는 길이 어디인지를 전혀 알 수 없었지만, 페달을 거의 밟지 않고 완만한 내리막 경사를 편하게 내려올 수 있었다. 정상에서 출발한 지 10분쯤 지나자 민가가 10채 정도 모여 있는 작은 마을이 나타났다. 일행을 이끌던 꼬망은 돌담으로 둘러싸인 집 앞에 멈춘 후 자전거에서 내렸다. 맨 뒤에 있던 드위도 재빠르게 앞으로 나와서 나에게 저쪽에 자전거를 대고 집 안으로 들어가자며 손짓했다. 실내로 들어가니 가구와 살림이 갖추어져 있었지만, 사람이 살았던 흔적은 없었다. 지방정부에서 발리 전통 가옥구조를 보여 주기 위해 만든 세트장이었다.

꼬망은 나를 앞에 두고 서툰 영어로 차근차근 발리의 가옥 구조와 특징을 설명했다. 중간중간 드위가 끼어들어 꼬망에게 주방을 설명할 때는 이렇게, 발리의 집 구조와 종교는 이런 방식으로 설명해야 한다면서 수정해 줬고 연습이 이어졌다. 세트로 만들어진 발리 전통 가옥에서의 훈련이 끝나고 우리는 다시 출발했다. 다시 20여 분을 달리니 내리막길이 끝났다. 평지와 오르막길, 내리막길을 번갈아 자전거를 타고 가니 이제야 땀이 났고, 조금 힘들 때쯤 낯익은 풍경이 보인다 싶더니 스바뚜 마을 초입에 도달했다. 드위네 집에 잠깐 들러 목을 축인 후 자전거는 타지 않고 도보로 이동했다. 스바뚜 마을 인근의 울창한 산림과 계단식 논을 감상할 수 있었다. 이전에 수이따와 함께 했던 도보 트레킹 코스보다 더 깊은 산속으로 들어간 것 같았다. 트레킹을 한참 하다가 산속에 홀로 있는 집을 지나갔다. 그 옆에 있는 돼지우리, 논에서 벌레를 잡아먹는 오리 떼, 저 멀리 숲속에서 움찔움찔거리는 정체 모를 짐승까지, 흥미로운 도보 여행이 이어졌다.

그렇게 2시간여를 걷다가 보니 금세 스바뚜 마을로 다시 입성했다. 드위는 거의 끝나 간다며 혹시 내가 지루해할까 봐 걱정스럽게 바라봤다. 새벽에 일찍 일어난 것이 힘들 뿐 충분히 재미있다고 안심시켰다. 드위와 꼬망 그리고 마데에게 좋은 결과가 있을 것이라고 응원을 건넸다. 도보 트레킹의 피날레를 장식할 스바뚜 사원에 도착했다. 사원은 마을 도로에서 계곡 쪽으로 10여 미터를 내려갔다. 물소리가 점점 커지더니 사원 끝쪽 3미터 정도 높이 절벽에서 시원한 물줄기가 떨어지고 있었다. 사원에 들어가기 전 드위가 내게 사롱을 건넸고, 꼬망이 친절하게도 반바지 위에 풀리지 않게 잘 여미어 주었다.

드위가 먼저 무릎 높이의 웅덩이에 들어가더니 천천히 폭포 쪽을 향해 걸어갔다. 점차 수위가 높아지더니 엉덩이까지 물이 차올랐다. 두 손을 모아 기도를 드린 후, 드위는 떨어지는 물 쪽으로 온몸을 맡겼다. 그렇게 1분 여가 지나고 드위는 만족과 상쾌함이 공존한 얼굴로 우리 쪽으로 다시 왔다. "덴파사르 사람들도 기도드리고, 소원 빌고, 물을 맞기 위해 일부러 찾는 곳이야. 정신을 맑게 해 준다고 발리 사람들에게 제법 알려진 곳이야." 마데에게 먼저 가라고 손짓하면서 드위가 말했다. "응, 나도 들어갈 거야. 걱정 마. 시원해 보인다. 트레킹 마지막 코스로 적당한 것 같아." 나는 사롱 안에 있는 바지는 벗고 속옷만 입고 슬금슬금 물에 들어갔다.

해발 1,000미터에 위치한, 정신을 맑게 해 주는 효과가 있다는 찬물은 사롱 사이로 쑥 들어와 턱이 덜덜 떨리게 했다. 바지를 그냥 입고 들어올 것을 후회하면서 한발 한발 폭포로 나아갔다. 두 손을 모아 기도를 하는 둥 마는 둥 하면서 떨어지는 물줄기를 목욕탕의 할아버지처럼 정수리, 어깨, 등으로 받아냈다. 이 모습을 보던 드위는 여긴 일본 온천이 아니라며 웃고는 정성을 다하라고 두 손을 모으는 시늉을 했다. 나는 두 손을 모은 채 떨어지는 물줄기를 맞았고, 말의 힘인지 정신이 점차 맑아지는 기분이 들었다.

스바뚜 마을 사원에서 정신 수양을 마치고 나와 드위는 집으로 향했고, 꼬망과 마데는 자신의 집으로 갔다. '진짜' 손님이 오면 사원을 나온 후 마을에서 점심을 제공하지만, 나는 '가짜' 손님이기에 그 날의 자전거 트레킹은 이렇게 끝났다. 드위의 아내가 준비해 준 점심을 먹고 다시 뉴꾸닝 마을로 가기 위해 오토바이에 올라탔다. 비록 가짜 손님이지만 덕분에 흥미로운 경험을 했기에 드위에게 약간의 돈을 지불했다. 드위는 괜찮다면서 '스바뚜 자전거 트레킹' 팸플릿을 꺼내더니 수정할 것이 없는지 조언을 부탁했다. 나는 팸플릿을 챙기고 돈을 다시 잘 접어서 드위에게 악수하듯이 건넨 후 뉴꾸닝 마을로 출발했다.

수이따와 함께한 도보 트레킹과 드위와 함께한 자전거 트레킹은 그 자체로 흥미로웠지만 다양한 생각도 들게 했다. 팸플릿에 인쇄된 '진짜 발리 보기See the real bali', '당신을 위한 우붓 지역 여행Your local travel in ubud', '발리, 길을 벗어난 도보 여행Bali, off course guided walking tour'은 트레킹을 홍보하기 위한 문구였다. 계단식 논, 자연 풍광, 반자르와 힌두 사원의 사진 역시 담겨 있다. 나는 발리에서 현지 조사를 했고, 운이 좋게도 발리에 머무는 또 다른 여행자이기도 했다. 학창 시절 지역 축제를 조사할 때 선후배와 함께 공동 조사를 한 경험은 있지만, 인도네시아 연구를 시작한 이후 대부분 혼자서 찾아가고, 만나고, 대화하고, 자료를 정리했다.

발리에서의 현지 조사도 비슷한 패턴이었다. 약속 시간을 잡고, 질문지를 만들고, 찾아가고, 인터뷰하고, 일지를 쓰는 일이 반복되었다. 뉴꾸닝 마을이 아닌 다른 반자르의 의례에 참여하고 관찰한 후, 시간이 남는 경우 그곳의 관광명소를 방문하는 경우도 있었다. 발리섬은 그 자체로 하나의 커다란 관광지이기에, 발리 연구자로서 누릴 수 있는 행복이었다. 물론 늘 혼자만의 여행이었기에, 경험과 감동을 누군가와 공유할 수 없었고 내가 미처 발견하지 못한 것도 있었을 것이다.

혼자만의 여행이, 여행이 아니라고 말할 수는 없다. 여행지에서 뭔가를 경험하지 못한다고 해도 헛수고라고 말할 수는 없다. 뉴꾸닝 마을에서 살았던 동안에는 다른 관광객이 한번쯤 간다는 낀따마니를 가보지 못했다. 인터뷰 대상자가 없는 산을 오를 필요가 없었기 때문이다. 드위의 배려로 자전거 트레킹을 할 수 있었고 낀따마니를 방문해 볼 수 있었다. 찬란하게 떠오른 태양을 마주하지는 못했지만, 길을 잃지 않고 멋진 친구들과 함께 훌륭한 여행을 끝낼 수 있었다.

16

네삐 데이,
어둠
속에
잠기는 날

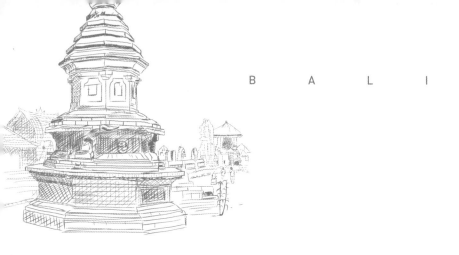

그레고리 달력 기준으로 매년 3월이나 4월의 어느 날, 차분함과 고요함을 넘어 정적과 어둠이 발리섬 전체를 휘감는다. 발리섬이 오늘 하루 지구상에 존재하지 않는 것처럼.

열대의 더위를 조금이나마 식히는 스콜이 쏟아지는 3월의 어느 날, 아리, 드위, 와얀은 바쁜 하루를 보내고 있다. 자신의 에너지를 전부 쏟고 깊은 침묵과 고요함을 이어 갈 사람같이, 발리의 아버지들은 그렇게 발리인의 새해 마지막 날을 보냈다. 발리인들은 달이 채워지고 다시 작아지는 태음력, 즉 사카력을 기준으로 새해를 맞이한다. 다만 새해 첫날이 음력 1월 1일은 아니다. 사카력의 열 번째 달의 첫날이다. 악령이 활동하는 시기라고 생각하는 우기가 끝나는, 그레고리력 기준으로 대략 3월과 4월의 어느 날이 사카력의 신년이 된다. 2023년은 3월 22일이었고, 2024년은 3월 11일이었다.

아이와 함께 마트를 방문해 평소보다 많은 식재료를 구입하고, 집으로 돌아오는 중에 보고 싶은 영화 CD를 구입한다. 시장을 찾은 와얀은 아이에게 줄 과자와 음료수, 가족과 함께 먹을 과일과 반찬을 한껏 구매한 후 오토바이에 차곡차곡 쌓고 집으로 출발한다. 드위는 아침 일찍 호텔에 출근했지만 점심 식사를 할 겨를도 없이 밀린 일을 처리하고 이른 퇴근을 한다. 자주 구매하던 슈퍼에서 파는 빵이 아닌, 거의 방문하지 않던 제과점에 들러 페이스트리, 도넛, 우유를 사고 집으로 향한다.

발리의 도심과 농촌 그리고 관광지는 주민과 여행객의 분주한 이동으로 곳곳에 차량 정체가 발생한다. 하지만 한 해의 마지막 날과 새해의 첫날에는 다르다. 우기가 끝남을 알리듯 청량한 공기가 사람들을 각자의 집으로, 호텔로 밀어낸다. 그렇게 사람들은 지난 과거를 반성하고 다가올 시간에 의미를 부여하면서 하루를 보낸다.

한편, 뉴꾸닝 마을 청년들은 거의 한 달 동안 마을 회관에서 살다시피 한다. 뉴꾸닝 마을의 청년단체인 뻐무다pemuda는 혼인하지 않은 남성으로 구성된다. 혼인한 남성만을 '온전한' 성인으로 간주하는 발리의 전통에 따라, 기혼 남성에게 반자르에서 필요한 역할을 할당하고 다양한 일에 결정권을 부여한다. 중학교를 졸업하고 고등학교를 다니는 남자 학생은 의무적으로 뻐무다에 가입해 마을에서 일어나는 다양한 의례에서 보조 역할을 한다. 마치 아버지를 따라 집안의 대소사를 옆에서 돕는 아들같이, 반자르 활동이 공동체 활동이고, 특히 마을의 전통 계승이라는 의식을 어린 시절부터 부여하는 것이다.

네삐 데이 홍보물

대략 75명이 소속된 뉴꾸닝 뻐무다는 17세 이상의 미혼 남성으로 구성된다. 평소 이들은 마을의 다양한 의례에 참여하지만, 어른들은 특별히 중요한 일을 시키지는 않는다. 도리어 뻐무다 회원들은 의례를 핑계 삼아 학교를 가지 않고 친구들과 노는 것에 전념하기도 한다. 이렇게 의례 진행에 있어 부차적인 존재인 마을 청년들이지만 새해 전날에 벌어지는 행진에서는 다르다. 오고-오고ogoh-ogoh 제작과 행진에는 주도적인 역할을 한다.

마을 청년들은 대략 한 달 전부터 마을 회관에서 오고-오고 제작에

오고-오고를 만드는 마을 청년회

돌입한다. 나무나 철사를 자르고 구부리면서 골격을 만든다. 이후 신문지와 종이를 물에 담가 단단하게 뭉친 후 골격의 빈 공간을 채우고 필요에 따라 볼륨을 더한다. 색을 칠하고 나무뿌리, 볏짚, 종이를 얇게 잘라서 머리카락과 눈썹을 붙인다. 그렇게 한 달 동안 청년들은 자신의 예술적 감각을 한껏 발휘하면서 힌두교 신화에 나온 괴물을 현실에서 재현한다. 높이는 2~3미터에 이르며 입을 한껏 벌려 날카로운 이빨을 드러내고 위협하는 모습이다. 그렇게 마을 청년들은 총 2개의 신화 속 괴물을 한 달간 만들었다.

뉴꾸닝 마을 청년들이 저녁 행진을 위해 신화 속 괴물을 만들기 1년 전, 나는 발리섬에서 가장 큰 오고-오고 행진을 관람하기 위해 덴파사르에 머물렀다. 왕복 8차선 도로, 5킬로미터 정도 거리를 경찰과 인근의 뻐짤랑이 오후 1시부터 조금씩 통제했다. 도로 양옆의 통제선에 사람이 하나둘씩 모였다. 행진은 저녁 8시부터 시작된다고 들었지만, 마음이 급하거나 아니면 좀 더 가까운 거리에서 오고-오고를 보기 위해 저녁 7시쯤 통제선 주위에 사람들이 모여들었다. 행진을 구경하러 나가기 전에 친구 아리와 오데는 불을 붙인 나무를 가지고 연기를 피우면서 집 안을 돌았다. 그 뒤를 이어 두 아이가 양철 뚜껑과 냄비를 들고 시끄럽게 큰 소리를 냈다. 집 안 곳곳에 숨어 있는 악령을 쫓기 위함이다.

행진을 구경하기 위해 오토바이를 타고 큰 대로로 나갔다. 한편에 오토바이 수백 대가 나란히 주차되어 있고 인근에는 음식을 파는 상인들도 대목을 맞아 활기찬 표정으로 손님을 기다렸다. 수천 명이 모이자 부모들은 아이의 손을 꼭 잡았다.

날은 더욱 어두워지고 시침이 8에 가까워지자, 멀리서 뻐짤랑 수십 명이 행진의 시작을 알리는 것처럼 길을 걷기 시작했다. 이윽고 횃불 행렬이 보이고 대나무로 만든 전통 종인 꿀꿀kulkul을 치는 사람들 역시 보였다. 멀리서 가믈란 연주 소리가 스피커를 통해 들렸고, SF 영화에 나온 괴수처럼 높이 3~4미터의 크고 험상궂게 생긴 오고-오고가 리어카에 실려 행진을 시작했다. 사람들은 도로 양측에 자리한 조

명을 받아 빛나는 오고-오고의 모습에 감탄을 뱉었다. 어느 마을에서 만들었는지 외국 배우나 축구 선수 등 유명인의 모습이기도 했다. 주민뿐만 아니라 경찰과 소방관까지 인도네시아 대중가요의 한 장르인 당둣dangdut에 맞춰 춤을 추면서 행진에 참여했다. 그렇게 흥겨운 메인 행진이 이어졌다. 곳곳에서 작은 폭죽이 터지고 당둣 노래가 흘러나오는 작은 축제는 2시간가량 이어졌다. 시계의 시침이 10을 넘어가자 점차 사람들은 뜨거운 열기를 뒤로하고 사라져 갔다.

다시 뉴꾸닝 마을로 돌아오자. 청년들이 만든 신화 속 오고-오고는 날카로운 이빨을 드러내며 마을 운동장으로 운반되었다. 청년들은 오후 5시쯤 간단히 샤워하고 저녁을 먹은 후 전통 의상을 입고 운동장으로 모인다. 뉴꾸닝 주민들 역시 전통 의상을 입고 하나둘씩 모였고 와얀은 가믈란 연주단 소속으로 합류했다. 뻐짤랑이 행진을 위해 길을 정리했고 횃불을 든 주민이 선두에 섰다. 그다음은 가믈란 연주단이, 그다음은 리어카에 실린 2개의 오고-오고가 따른다. 주민들은 행진의 옆이나 맨 뒤를 따랐다. 행진은 마을 도로를 거의 전부 지나다녔다. 오고-오고가 마을 곳곳을 염탐하는 것처럼.

저녁 9시가 되자 1년 전 덴파사르에서 경험했던 엄청난 규모의 행진은 아니지만 뉴꾸닝을 비롯해 인근 반자르에서 만든 오고-오고가 마을의 운동장으로 모였다. 10개의 오고-오고가 마을 운동장을 채우자 작은 규모의 행진이 시작되었다. 사람들은 흥겨운 음악에 맞춰 다른 마을에서 만든 오고-오고를 감상하면서 떠나가는 한 해를 마무리하고 있었다. 주민과 마을의 외국인은 하나둘씩 집으로 돌아갔다. 이틀 뒤 뻐짤랑, 주민, 일부 청년 그리고 나는 마을 사원 인근에 가서 오고-오고를 최대한 부수고 불로 태웠다. 세상의 악한 것을 태우고 정화하는 오고-오고의 마지막 의식이었다.

농촌이어서 그런지 뉴꾸닝은 평소 밤 10시쯤이면 고요함이 마을을 감싼다. 늦은 퇴근을 한 사람을 태운 오토바이가 지나가는 소리와 재미있는 티브이 프로그램 소리가 먼발치에서 들려올 뿐이다. 하지만

한 해의 마지막 날에는 밤 11시가 넘어서까지 시끌벅적한 소리가 마을 곳곳에서 들려온다. 그렇게 3월의 어느 날, 한 해가 마무리된다.

곧이어 밤 12시가 넘자 바깥은 칠흑 같은 어둠에 동조하듯이 고요함을 넘어 어떤 소리도 나지 않는다. 집 근처에서 도마뱀이 우는 소리와 먼 밀림에서 들려오는 벌레 소리가 늦은 밤 뉴꾸닝 마을의 배경음악이었지만, 이날만큼은 그 소리가 들려오지 않는 것 같았다. 알고 지내던 뼈짤랑 아저씨의 "소등하시오!"라는 고함이 들려올 뿐이었다. 발리인의 새해 첫날인 네삐Nyepi가 시작된 것이다.

네삐는 명상과 자기 성찰을 위해 마련된 날로 '완전한 침묵의 날'로 불린다. 이날은 발리인뿐만 아니라 발리섬에 있는 모든 사람에게 네 가지 금기 사항을 부여한다. 불과 램프를 켜지 않는다. 신체 활동과 일을 하지 않는다. 집 밖에 나가거나 여행하는 것도 안 된다. 재미를 목적으로 하는 어떠한 행위도 금지된다. 높은 영적 생산력, 즉 욕망을 억제하고, 마음을 수행하고, 자기 정화를 위해 영적 활동에 집중하는 것이다.

발리인은 네삐를 이런 방식으로 설명한다. "네삐 전날, 발리섬 곳곳에서 오고-오고 행진과 축제가 이어진다. 이윽고 밤 0시부터 24시간 발리섬에 아무도 살지 않는 것처럼 침묵을 이어 가면 악령들이 발리섬을 떠난다."

현지 조사 기간에 나는 총 두 번의 네삐를 경험했다. 덴파사르에 살던 친구 아리네 집에서 맞이한 네삐 때는 전날 밤의 화려한 오고-오고 행진의 여운이 채 가시지 않아서인지 늦은 시간까지 아리와 집에서 맥주잔을 기울였다. 아침 10시가 다 되어서 일어났지만 집의 커튼이 내려져 있어서 여전히 한밤같이 어둠이 내려앉아 있었다. 아리가 불을 써서 음식을 해 먹을 수 없다고 몇 차례 강조했기에 빵과 우유를 먹었다. 티브이에서 나오는 소리가 밖으로 나가면 어김없이 멀리서 호루라기 소리가 들렸다. 책을 보기에도 쉽지 않을 만큼 집 안은 어둠이 가득했다. 아리네 가족들은 각자의 방에서 잠을 자듯이 고요하게 지낼 뿐이었다.

아리와 아이들이 점심을 먹기 위해 조용히 방에서 나와 식탁에 앉았고, 아리의 아내는 밥솥에 있는 밥을 큰 대나무 바구니에 담아서 가져왔다. 각자 자신의 접시에 밥과 반찬을 조금씩 덜어서 조용한 목소리로 대화하면서 식사했다. 바깥은 35도의 더운 공기와 강렬한 햇살이 대지를 덮혔지만, 아리네 집은 시원한 에어컨 바람과 함께 어둠과 고요함이 공간을 감싸고 있었다.

오후 3시가 다가오자 막내인 인드라와 둘째인 이따가 고요함과 심심함을 참지 못하고 아빠에게 영화를 보자고 말했다. 아리와 첫째인 오데는 어제 산 여러 장의 불법 복제 영화 CD 중 인도네시아어 더빙이 있는 할리우드 액션 영화 한 편을 고르고 영화 볼 준비를 했다. 티브이 주위 창문에 커튼이 내려 있지만, 혹시라도 빛이 새어 나가는 것을 막기 위해 신문지로 창문을 완전히 덮었다. 인도네시아어로 더빙된 할리우드 배우의 목소리가 집에 약간의 소음을 일으켰지만 큰 문제없이 영화 한 편을 보았다. 비상구 표시등이 고장 난 상영관에서 온 가족이 영화를 시청한 기분이었다.

2시간 남짓한 영화를 보고 다시 내 방으로 들어가서 아내와 통화하고 노래를 듣다가 잠들었다. 오후 7시가 되자 아리가 저녁을 먹자고 인기척을 냈고, 잠에서 깨어나서 주방으로 나갔다. 불을 사용하면 안 된다고 들었지만 아리는 자신이 인도네시아에서 가장 맛있게 만든다고 자랑한 미고렝을 요리했다. 2개의 가스레인지 화구 중 하나에서 면을 삶다가 물을 버리고 면과 함께 있는 스프와 집에 있는 삼발, 소금, 후추, 고추기름 등 양념을 넣고 볶았다. 다른 화구에서는 계란프라이를 만들었다. 노른자는 절반가량 익히고 흰자는 기름에 튀기듯 익혔다. 다 볶은 면을 각자의 그릇에 담고 그 위에 튀긴 계란프라이를 하나씩 놓았다.

저녁 식사를 하고 아이들은 다시 티브이 앞으로, 게임기 앞으로 가서 각자의 일에 열중했다. 아리는 책상 위 컴퓨터를 켠 후 일했다. 아리의 서재 창문에는 신문지가 발라져 있었다. 그렇게 아리는 종일 책도 읽고 일도 했다. 그 사실을 알지 못한 채 나는 발리인의 전통 의례가 가진 의미를 혼자서 열심히 이행했다. 물론 몸과 마음의 정화를 위해 어떤 수련을 한 것은 아니지만, 종일 어둠과 고요함을 껴안고 있으니 평소 느껴 보지 못한 편안함을 가질 수 있었고 현지 조사에 대한 두려움이 조금은 진정되었다.

두 번째 네삐는 뉴꾸닝 마을에서 경험했다. 아내와 아이는 한국으로 돌아갔고, 혼자서 집에 머물러 있었다. 며칠 전부터 집주인 와얀은 나를 포함해 윗집의 이고르에게 네삐 날 절대로 밖에 나가서는 안 되고, 조명도 꺼야 하고 요리도 하면 안 된다고 몇 번이고 강조했다. 다행히 이고르와 안나는 와얀의 부탁을 잘 들어주었다. 평소 집에 있으면 가끔 위층에서 러시아어로 대화하는 소리가 들렸지만 이날은 위층에 사람이 살고 있나 하는 생각이 들 정도로 조용했다.

도리어 이전에 경험이 있어서인지 내가 아리의 아이들처럼 여러 일을 하면서 하루를 보냈다. 미리 우붓 시내에 있는 마트에 가서 무가지 신문을 몇 부 가져왔고, 한국에서 다운로드한 영화와 드라마가 잔뜩 든 외장하드도 챙겼다. 조리하지 않고 바로 먹을 수 있는 음식도 사 두었고, 현지 조사 기간에 거의 먹지 않았던 맥주와 안주도 준비해 두었다. 오고-오고 행진이 끝나고 집에 돌아와, 밤 12시가 되기 전에 샤워를 끝냈다. 그렇게 나에게는 두 번째 네삐가 시작되었다. 집 밖의 도로에서 뻐짤랑들이 신경질적인 말투로 몇 마디 하면서 큰소리가 났지만 이내 조용해졌고, 세상도 함께 고요함에 빠졌다. 나도 고요함과 함께 잠들었다.

새벽 5시쯤, 발리 생활에 적응된 이후 잘 들리지 않던 닭 울음소리가 들렸다. 한 마리가 울기 시작하니 여러 마리의 닭이 앙상블을 이루었다. 외출하지 못하고, 조명을 켜지 못하고, 시끄러운 소리를 내지 못하는 하루를 견디려면 최대한 늦게 일어나야 하는데 쉽지 않은 하루가 시작되려나 싶었다. 자리에서 일어나도 딱히 할 일은 없었다. 커튼은 내려져 있었지만 예전 아리네 집에 살 때보다는 밖에서 빛이 조금은 들어왔다. 더욱이 내가 살았던 집은 큰길에서 작은 도로로 들어와야 하니 뻐짤랑의 간섭도 상대적으로 적었다. 그렇다고 인류학 현지 조사를 하는 입장에서 상대방의 전통과 문화를 온전히 이행하지 않은 것도 문제이긴 했다.

밀림 쪽 테라스로 나오니 옆집의 존도 나와 있었다. 거의 매일 아침 반복되는 장면이고 보통은 "굿 모닝."이나 "슬라맛 파기."라고 아침 인사를 주고받는다. 하지만 그날은 말없이 얼굴에 미소만 머금고 오른손을 엉거주춤 들었다. 간단히 아침을 먹은 후, 특별히 할 일 없는 하루가 시작되었다. 물론 네삐를 며칠 앞두고 마을 주민들이 정화 의례로 멀라스티melasti 의식을 행할 때, 나 역시 네삐 당일 현지 조사 일지를 정리하고 논문을 조금 작성하겠다고 다짐했다. 하지만 명상과 반성을 통해 자신의 정체성을 확립하고 신을 가까이하라는 네삐의 의미를 살리는 발리인이 많지 않듯이, 나 역시 원래 계획대로 네삐 날을 보내지는 못했다.

노트북을 열어서 현지 조사 일지를 정리하는 둥 마는 둥 하다가 새벽에 울었던 닭을 다시 원망하면서 금세 잠들었다. 점심시간이 되어서야 일어났고 아내와 통화한 후 점심을 먹었다. 다시 노트북을 열고 논문을 작성했지만, 몇 단락 쓰지도 못한 채 그동안 아껴 둔 미국 드라마와 영화를 보았다. 주방 창문이 밀림 쪽으로 향해 있고 돌아다니는 사람이 없으면 주방에서 어떤 일을 해도 알 수 없는 구조였다. 평소에는 와얀의 아내나 어머니가 하루에도 몇 번씩 천상계 신인 데와에게 바치는 제물인 짜낭과 하계의 악령 부따 까라Buta Kara에게 바치는 짜루를 놓기 위해 집 곳곳을 돌아다닌다. 오늘은 짜낭과 짜루도 놓지 않기에 주방은 사회적으로 완전히 격리된 공간이 되었다. 조용히 음식을 조리했고 현지 조사 기간에는 거의 먹지 않던 맥주도 먹으면서 내 나름의 '정화' 시간을 보냈다.

평소처럼 밤 11시쯤 잠을 자려고 했지만, 1시간만 지나면 나갈 수 있다는 생각이 스쳤다. 빈둥거리다가 밤 12시에 오토바이를 타러 나갔다. 평소와 다르지 않은 장면이었다. 멀리 뻐짤랑 몇 명이 보였지만 어젯밤과 달리 호루라기를 불거나 소리를 지르지 않고 금세 시야에서 사라졌다. 5미터 간격을 두고 도로 양쪽에 세워진 조명만 빛났다. 발리어로 '침묵을 지키다', '고용하고 조용하다'라는 의미인 스삐sepi에서 비롯된 네삐가 끝났고, 사카력으로 1935년이 시작되었다.

17

오달란,
신들의 놀이터에서
열리는 의례

쇠구슬이 5개 있다. 각각의 쇠구슬은 회전을 막기 위해 2개의 실로 매어 있다. 왼쪽 구슬 하나를 올렸다 놓으면 나머지 4개의 쇠구슬과 부딪치지만 오른쪽 구슬 하나만 움직인다. 2개의 쇠구슬을 올렸다 놓으면 반대편 2개의 구슬만 움직인다. 초등학교 과학 실습 시간에 주로 하는 뉴턴의 진자 운동 원리다. 이를 통해 우리는 뉴턴의 제3법칙인 작용과 반작용의 법칙을 알 수 있다. 또한 지구상의 모든 물체와 우주의 천체가 상호작용의 운동성을 가지고 있음을 이 실험을 통해 이해할 수 있다.

뉴턴에게 질량, 힘, 가속도 등 물리학 개념이 상호작용을 증명하는 기본 요소라면, 인간의 문화를 연구하는 인류학자에게 상호작용을 증명하는 기본 요소는 무엇일까? 가족, 지역, 국가라는 그룹을 통해 삶을 영위해 나가는 인간에게 상호작용은 필수다. 이를 증명하는 기본 요소가 있지 않을까? 발리를 방문했던 관광객이 조금만 관심을 기울인다면 차량이 수백 미터 정체되더라도 누구 하나 볼멘소리를 내지 않는 이유를 알 수 있다. 바로 오달란odalan 의례의 피날레격인, 제물을 머리에 인 여성들의 행렬 때문이다.

다신교를 기반으로 하는 발리 힌두교는 섬 곳곳에 사원이라는 의미인 뿌라가 존재한다. 발리인에게 세상은 엄청나게 많은 신의 놀이터이고, 이들이 강림하는 사원 역시 발리 전역에 수만 개가 존재한다. 집, 마을, 일터, 관공서 등 인간이 집단을 이루어 머무는 모든 공간에 사원이 존재한다. 한 번쯤 들어봤을 세계 유수의 고급 호텔과 리조트 언저리에도 직원을 위해, 호텔이 위치한 마을을 위해, 호텔을 위해 사원이 있다. 매일, 매주, 매월, 매년 사원에서는 복잡한 종교의식이 펼쳐지고, 다채로운 음식과 오락거리가 제공된다.

사원의 성격, 의례의 목적, 의례의 주체에 따라 의례 진행은 수만 가지 변주가 가능하다. 네덜란드 식민지 기간이었던 1930년대 발리의 사회와 문화를 소개한 멕시코 출신 화가이자 인류학자 미구엘 코바루비아스Miguel Covarrubias가 경험한 의례와 2000년대 내가 경험한 의례는 진행과 형식 측면에서 여러 변화가 있었을 것이다. 현지 조사 당시 여러 차례 크고 작은 오달란 의례에 참여하고 관찰했다. 훗날 논문에서는 마을 사원과 와얀 가족의 가족 사원에서 진행한 오달란 의례를 기술했다.

와얀은 평소 세입자가 들어오고 나가는 날만 바쁘더니, 요 며칠 동안은 매우 분주하게 돌아다녔다. "요즈음 바쁜 것 같아요." 황급히 뛰

얼핏 비슷해 보이지만, 개별 가정의 개성이 묻어나는 그봉안

어가는 와얀을 붙잡고 물었다. "일주일 뒤에 오달란이 있어서 바쁘네요." 와얀이 대답했다. "마을 사원 오달란이요? 그건 아직 한참 남아 있지 않나요?" 다시 물었다. "아니, 이번에는 가족 오달란이에요. 다음 주에 하니까 미스떠르 정도 참석해 줘요." 와얀이 당부했다.

　벼농사 문화권에서 벼농사 일정은 단순히 경제적 측면에 한정되지 않고 삶의 많은 부분을 결정하는 주요 요소다. 발리 사회에서도 벼농사 일정을 기준으로 1년을 210일로 계산하고 이를 발리 달력인 빠우

꼰pawukon에 대입한다. 오달란은 빠우꼰 달력의 1년, 즉 210일마다 사원 창립일을 기념하는 의례다. 발리 전역에 사원이 수만 개 있으니 발리 전역에서 하루에도 수십 차례 오달란 의례가 치러진다. 오달란 의례의 절정은 마을 여성들이 층층이 음식을 쌓아 올려 높은 탑의 형태를 띤 제물인 그봉안gebongan을 머리에 이고 행진하는 모습이다. 뻐짤랑이 행렬의 선두와 후미에 서서 길을 만들고 주변을 통제한다. 마을 남성들로 구성된 가믈란 연주단이 흥을 돋우는 연주를 시작하고 그 뒤편으로 마을 여성들의 행진이 이어진다.

그봉안을 머리에 이고 행진하는 여성으로 상징되는 오달란은 대체로 마을 사원처럼 사원에 소속된 주민이 많은 경우에 진행된다. 와얀이 초대한 가족 사원 오달란은 거의 대부분 한 마을에 사는 친척이나 아주 가끔 멀리 시집을 간 딸이 참석하는 정도다. 간단하게 음식을 마련한 후 축원문을 읽는 정도이기에, 외부인은 특정 가족의 오달란 의례를 잘 알지 못하는 경우가 대부분이다.

며칠 동안 분주했던 와얀의 사정과 달리 덥지 않고 선선한 날씨가 이어졌다. 매일 오후 5시 샤워를 한 후 윗옷을 입지 않은 채 집 안 곳곳을 점검하던 와얀의 일상이 변했다. "가족 오달란인데 왜 이렇게 바빠요?" 내가 물었다. "이번에는 좀 더 규모 있고 시끌벅적하게 하려고요." 와얀이 사원을 바라보면서 대답했다. 그 대답을 듣고 나는 영문을 모른 채 말을 잇지 못했다. 가족 사원 오달란은 규모가 크지 않다는 그동안의 현지 조사가 잘못되었나 하는 생각이 머릿속을 복잡하게 했다.

의례 3일 전에 가족 사원 꾸미기가 시작되었고 의례 때 사용할 제기를 정화하는 의례가 이루어졌다. 이틀 전에는 와얀의 아내와 뿌뚜도 주민에게 줄 음식 장만에 여념이 없었다. 의례 전날 아침 집 앞에서 마을 뻐짤랑 아저씨들이 분주하게 움직였다. 어디서 가져왔는지 의자 30여 개가 한곳에 차곡차곡 쌓여 갔고, 집을 배경으로 간이 무대가 설치되었다. 간이 무대 설치가 완료된 정오쯤 식사를 마치고 온 뻐짤랑은 마을 도로를 막고 의자를 질서정연하게 놓았다. 의례는 내일, 그것도 저녁쯤에나 시작하는데 미리 도로를 막는 것이 심상치 않았다. 사람들은 차량 통행이 되지 않자 뼈짤랑의 안내에 따라 다른 길로 돌아가야 했다.

우회된 차량이 엉켜 농촌에서 좀처럼 일어나지 않는 차량 정체가 발생했다. 차량이 정체되면 마을의 상점 주인들은 장사에 지장을 받지만, 누구도 불만을 토로하거나 이의를 제기하지 않았다. 의례일이 다가오자 와얀네 집 근처는 북적거렸지만, 마을의 다른 영역에서는 지극히 평범하고 자연스러운 일상이 이어졌다. 주민의 일부는 음식 장만을 돕거나 그냥 할 일 없이 방문하기도 했다. 동네 아이들의 양손에 할로윈의 사탕 바구니처럼 바나나, 파파야, 살락과 같은 열대 과일이 가득 들려 있었다.

산스크리트어로 와리wari는 '제물을 바치다'라는 의미이며, 발리는 와리에서 파생된 단어다. 발리는 인도네시아의 하나의 주이기도 하기에, 종족 구성은 발리족이 90%, 자바족 5%, 발리 원주민이 2%, 마두라족이 1%를 차지한다. 발리인의 믿음 체계, 즉 종교의 정식 명칭은 아가마 힌두 다르마 인도네시아Agama Hindu Darma Indonesia다. 인도에서 유래한 시바와 불교 그리고 군도에서 과거부터 전해 내려온 애니미즘적 믿음과 실천이 기본 바탕을 이룬다.

사상적 근간을 이루는 여러 종교와 민간의 실천이 혼합되면서 발리인의 종교 의례는 점차 복잡해졌다. 복잡성과 다양성 그리고 개인의 변주가 더해진 와얀 가족 사원 오달란의 첫째 날이 밝았다. 힌두교 사제이자 의례의 주관자 그리고 정화 의식의 수행자인 뻐망꾸pemangku가 첫날 의례의 주인공이다. 와얀 가족이 사원 앞에 모이자 뻐망꾸는 정화 의식을 위해 의례용 잎으로 성수를 가족들에게 뿌린다. 와얀 가족은 제물을 사원 앞에 바친다. 이윽고 사제는 낮은 담으로 둘러싸인 사원으로 들어가 독경을 시작한다.

와얀의 가족들이 손님을 맞이하고 저녁 행사를 위해 각자 맡은 일을 했다. 뻐망꾸의 독경이 이어지는 동안 날은 점차 어두워졌다. 미리 설치된 간이 무대에 조명이 들어오고, 마을 주민이 하나둘 모였다. 의자는 일찍 도착한 주민의 차지가 되었고, 그 주위로 수십 명이 모여 공연을 기다렸다. 평소 마을 행사에 크게 관심을 보이지 않았던 거주 외국인도 진기한 광경을 보기 위해 모여들었다.

첫날은 어린이들이 신을 위해 바치는 므나리menari, 젊은 전사의 용맹함을 보여 주는 바리스baris, 손동작으로 여성의 아름다움을 표현한 레공legong 공연이 펼쳐졌다. 아이들이 마을의 회관에서 종종 연습하더니, 오달란 때 신과 주민을 위해 특별한 무대를 선사했다. 바리스와 레공은 주민이 아닌 전문 무용수를 초청해 선보였다. 공연이 진행되는 중에도 와얀 가족은 참석자에게 과일과 음료, 밥과 반찬이 들어 있는 도시락을 나눠 주었다. 자신을 가꾸는 데와 불필요한 곳에 거의 돈을 쓰지 않던 와얀이 무용수를 초청하고 도시락을 대접했다. 와얀의 의도와 생각을 알아내고 이해하기 위해, 와얀 가족 오달란에 대해 장

레공 공연

시간 이야기할 필요성을 느꼈다.

첫날의 떠들썩했던 공연이 밤 10시쯤 끝나 갔다. 관람객에게 전통 공연의 즐거움을 선사한 오달란이 끝났지만, 잠시 우리에게 잊혔던 뻐망꾸의 하루는 밤이 깊어지자 절정으로 다가섰다. 뻐망꾸는 때로는 열정적으로, 때로는 속삭이듯이 바깥의 떠들썩한 상황과는 별개로 우리가 알지 못하는 특별한 공간에서 신과 만나고 있었다. 뻐망꾸의 신에 대한 간절함과 열망은 밤새 이어졌다. 영적인 존재와의 만남에서 하찮은 인간의 걱정은 부질없는 일이지만, 신의 대리자인 뻐망꾸의 체력과 정신력에 감탄사가 저절로 나왔다. 평소 마을 회관이나 슈퍼 앞에서 시시콜콜한 이야기나 나누던 친절한 아저씨, 아이에게 망고주스를 건네던 인상 좋던 아주머니는 영화 〈슈퍼맨〉의 클라크 켄트처럼 평범함과 비범함을 넘나든 인물이었다.

이튿날이 밝았다. 뻐망꾸는 새벽녘에 잠시 휴식을 취했다고 전해 들었다. 정오쯤 와얀네 가족은 다시 뻐망꾸의 주도로 정화 의식을 진행했다. 의례용 잎으로 성수를 가족에게 뿌리고, 이후 가족들은 준비한 제물을 사원 앞에 바쳤다. 사제는 다시 어제의 자리에 들어가서 나지막하게 독경을 시작했다. 오후 시간은 연극의 주인공이 무대의 피날레를 장식하기 위해 잠시 휴식을 취하는 것처럼 분주함과 고요함이 교차했다.

첫날 생각보다 많은 주민이 모여들어서, 마을의 뻐짤랑은 간이 의자를 수배하러 다녔다. 아이들은 국적과 무관하게 전 세계 어디든 똑 같다. 첫날에는 열대 과일을 들고 다니더니, 오늘은 아이스크림을 먹으면서 무대 주변을 시끌벅적하게 하는 분주함을 담당했다. "띵, 띵, 띵띵동." 이 반복되는 소리가 음질이 조악한 스피커에서 흘러나온다. 인도네시아어로 5개의 발이라는 의미인 '까끼 리마'는 노점상이다. 3개의 바퀴와 사람의 두 발을 합치면 5개의 발이 되기 때문이다. 이들은 자전거를 개조해 만든 수레에 음식을 싣고 마을 곳곳을 돌아다니며 판매한다. 발리에 아이스크림 노점상이 많은 것은 아닌데, 순수한 아이들의 바람이 신에게 먼저 다가선 것은 아닐까 싶다.

오후 5시쯤, 분주했던 무대 주변이 조용해졌다. 주민 대부분 저녁 식사 전에 샤워하는 문화 때문이다. 도시화와 산업화로 최근 목욕 문화가 점차 변했지만, 뉴꾸닝 마을과 같은 농촌 주민들의 삶의 방식은 많이 바뀌지 않았다. 다만 과거에는 아침에 받아 둔 목욕물을 열대의 작열하는 태양이 데웠다면 지금은 LPG 가스보일러가 그 일을 대신한다. 날이 어두워지고 무대의 조명이 켜지자 공연이 열렸다.

시작은 '선과 악'의 고전 전투를 모티브로 하는 바롱barong 춤이다. 인간을 지켜 주는 수호천사이기도 한 바롱은 사자의 형상이다. 황금과 거울 조각이 장식되어 있는 흰색 두꺼운 털 가면을 뒤집어쓴 2명이 각각 바롱의 앞발과 뒷발을 담당한다. 2인 1조가 되어 민첩한 움직임을 보인다. 사자 형상을 한 바롱은 악의 편인 랑다Rangda의 마법을 물리치고 자연의 균형을 회복한다. 바롱 춤의 내용을 잘 모르는 외국인들 역시 꽤 무거워 보이는 바롱 가면을 들고 역동적으로 추는 춤에 금세 빠져들었다. 랑다에게 이긴 바롱이 승리의 춤을 관객에게 선사하자 관객의 환호성이 무대를 채웠다.

다음 공연은 첫날의 레공과 바리스 공연이 이어졌다. 전문 무용수의 공연이 펼쳐졌다. 공연이 끝난 후 예술가들과 잠깐 이야기를 나눌 수 있었다. 전통 무용 지식은 없어도, 예술가가 펼치는 화려하면서 섬세한 동작이 예사롭지 않음을 알 수 있었다. 특히 와얀네 오달란 행사의 하이라이트라고 할 수 있는 마을 주민이 준비한 공연과 확연한 차이가 있었다. 예술가의 전문성이 뛰어나더라도, 그들의 삶은 쉽지 않은 건 전 세계 예술가의 공통된 고민이다. 먹고사는 문제를 해결하기 위해 이들은 식당이나 상점에서 일을 했고, 매주 금요일이나 주말에 의례가 있을 때 소정의 공연료를 받고 무대에 올랐다.

오달란 공연이 이어졌다. 그 절정은 화려하고 역동적인 전문가의 공연이 아니었다. 페까까 회원들이 마을 회관에 모여 주말마다 연습했던 펜뎃pendet이었다. 특히 페까까 회원 중 연세가 높은 어르신들의 특별 공연이 있었다. 펜뎃은 제물을 신에게 바치는 모습을 춤으로 표현하는 것으로, 꽃잎이 담긴 그릇을 들고 가믈란 리듬에 맞게 간단한 동작을 취한다. 주로 소녀들이 추는 펜뎃을, 마음만은 소녀였던 어르신들이 공연했다. 삐그덕거리는 관절에도 불구하고 열연을 펼쳤다. 주민들은 어르신들의 뭔가 어설프지만 혼신을 다한 춤사위를 보면서 때로는 박수를, 때로는 큰 웃음을 보내며 함께 즐겼다. 떠들썩한 와얀네 가족 사원 오달란이 끝나 가고 있었다. 뻐꾸는 자정이 넘는 시간까지 독경을 외우다가 마지막 정화 의례로 오달란의 끝을 알렸다.

오달란 의례는 이틀간 진행되었고, 오달란의 전 과정을 때로는 참여하고 때로는 관찰하면서 지켜보았다. 와얀네 집을 임대했던 상황에서, 나 역시 가족의 일원이 되어 10여 일간 함께 의례를 준비했다. 필요한 경우 주민들을 인터뷰했다. 특히 일반적인 가족 사원의 오달란과 달리 좀 더 특별하게 의례가 진행된 이유는 논문에서 주요한 내용이 될 수 있겠다 생각했다. 의례가 끝난 후에도 와얀과 이와 관련해 여러 차례 대화를 나누었다. 대화를 통해 의례가 성대하게 치러진 이유를 알 수 있었다. 밝혀진 이유가 어떤 사회문화적 배경에 있었는지, 와얀이 그렇게 행동하게 담론은 무엇인지, 어떤 키워드와 연결할 수 있을지 고민했다.

훗날 논문을 작성할 때 가족 사원 오달란 의례는 와얀이 주민과 거주 외국인에게 '신뢰'와 '사회적 평판'을 얻고 유지하기 위한 수단으로 해석되었다. 반자르 주민 사이에서 높은 공동체 의식의 하나로 이해되던 신뢰와 사회적 평판에 대한 대상이 관광업이 발전하면서 그 대상이 확대되었다. 더욱이 과거와 달리 신뢰와 사회적 평판의 훼손은 관습법적 규칙에 의한 제제를 받는 것을 넘어서 경제적 손실로까지 이어졌다. 와얀은 임대 사업을 위해 새 집을 지었고, 이를 주민에게 널리 알리는 과정에서 재화와 서비스를 주민 집단에게 주는 일종의 '일반적 호혜성'을 실천한 것이다.

현지 조사 중 마을의 모든 오달란 의례를 조사하는 것은 현실적으로 불가능했다. 따라서 조사 당시 와얀이 1년 동안 참여한 오달란 의례에 집중했다. 발리인의 신앙이 주민의 모든 일상생활을 지배하기 때문이다. 집과 마을의 사원은 신이 강림해 개인과 만나는 신앙의 장소이자, 한편으로는 한 개인의 사회적 위치와 관계망을 설명했다. 가족 사원 오달란에서 와얀은 가족 대표로 행사의 전반적인 과정을 관장했다. 마을 사원, 즉 뉴꾸닝 마을의 시작을 알리는 가장 중요한 사원인 달럼 뉴꾸닝 사원Pura Dalem Nyuh-Kuning의 오달란에서는 가믈란 단원의 일원으로 활동했다.

반자르 뉴꾸닝, 즉 뉴꾸닝 주민 모두에게 마을 사원 의례는 성대한 축제였다. 의례는 3일간 진행되었고, 그 기간 동안 조용한 마을 내부와 달리 마을의 동쪽에 있는 사원은 시끌벅적했다. 세계적인 휴양지라는 명성과 달리 외국인 전용 카지노도 없을 만큼 인도네시아 당국은 철저하게 도박을 금지한다. 하지만 마을 오달란이 진행되는 동안 닭싸움과 전통놀이가 수시로 진행되었고 제법 큰돈이 오가는 도박판이 벌어졌다. 주민들 대부분 직장에 휴가를 내고 사원에 종일 머물러 있었다. 아이들은 교복 대신 전통 의상을 입고 학교에 갔고, 하교 이후에는 다시 사원으로 돌아와 시간을 보냈다.

오달란 의례를 위해 뉴꾸닝 주민들은 길게는 한 달, 짧게는 일주일 전부터 자신에게 부여된 의무를 충실하게 수행했다. 사원 외벽의 벗겨진 페인트를 다시 칠하고, 망가진 사원 시설물에 시멘트를 덧발라 수리했다. 와얀은 마을 가믈란 단원이기에 매일 밤마다 마을 회관에서 가믈란 합주 연습을 했다. 마을 여성들은 사원 제례에 쓰일 음식과 그봉안을 만드는 데 여념이 없었다. 주민들은 오달란을 위해 각자에게 부여된 의무를 수행했고, 나 역시 오달란이 현지 조사에서 여러 이야기를 들려줄 것 같은 예감이 들었다. 각자의 자리에서 그렇게 시간이 흘렀고 뉴꾸닝 마을 오달란 의례의 첫째 날이 밝았다.

18

여러 사람의
마음이 모이면
큰 변화를
불러온다

B A L I

과거 가족, 마을, 국가 단위에서 행해지던 다양한 의례와 축제는 단조로운 일상에 멈춤과 희열이라는 상반된 감정을 주었다. 규모가 점차 커지고, 엄청난 예산이 소요되고, 인파가 몰려 사건 사고가 빈번하게 발생했다. 그럼에도 사람들은 의례를 실천하고, 강하게 말하면 갈망하면서 이를 계속했다. 얼굴도 기억나지 않는 할아버지의 제사상을 준비하고, 성직자의 말 한마디에 일어났다가 앉았다가 노래를 함께 부른다. 기복신앙, 즉 자신과 가족 그리고 지역 주민의 건강, 금전적 혜택, 자손의 번창과 같은 인간이 가진 욕망을 기원했다.

현지 조사를 하는 인류학자에게 물질적, 정신적으로 온 힘을 다하는 한 집단의 행동은 당연히 중요하게 생각되며 눈에 띄는 행위다. 의례 준비 단계에서 상호 간 갈등이 일어나고, 의례 진행 중 평소에 가진 불만을 해소하거나 기존의 권력관계가 역전되는 과정 역시 흥미롭게 보일 것이다. 의례가 끝난 뒤 기존의 질서가 회복되지만 의례 이전

보다는 관계가 진전되는 것도 때로는 확인된다. 인류학자의 현지 조사에서 의례는 마치 낚싯대의 찌가 위아래로, 좌우로 흔들리면서 고요했던 물에 조그마한 파동을 일으키는 것이다. 낚시꾼이 침착하지만 재빠르게 낚싯대를 채는 것처럼, 인류학자 역시 의례가 다가올수록 어떤 사람을 만날지, 누구와 인터뷰할지 정하고 영상과 사진을 찍기 위해 카메라를 정비한다.

발리에서의 의례 준비는 망가진 마을 사원 시설물을 고치는 것에서 시작한다. 한편으로는 마을 회관에 있는 가믈란 악기를 꺼내어 손질하고 사람들끼리 합을 맞춘다. 가믈란은 인도네시아의 자바와 발리에서 마을 행사를 할 때 경건함과 흥을 돋우기 위해 여러 악기를 사용해 음악을 만들어 내는 서양의 오케스트라와 비슷한 형태다. 지역과 종족마다 조금씩 차이는 있지만 뉴꾸닝 마을의 가믈란은 대략 열 가지의 악기를 사용한다. 인도네시아어로 '두드린다'라는 의미를 가진 가말gamal에서 유래한 가믈란은 청동으로 만들어진 타악기 중심으로 악단이 구성된다.

뉴꾸닝 마을의 가믈란 악단은 매일 저녁 식사를 한 후 7시쯤 집회 장소인 발레에 모여 1시간 정도 서로 합을 맞춘다. 악보는 없다. 대신 어쩌면 악보보다 정확한, 어린 시절부터 익혀 온 손의 감각으로 연주한다. 청년기를 지나 성인이 되면 마을 가믈란 악단 생활이 시작된다. 마을에 행사가 있을 때 무언가를 수리하거나 교통 정리를 하는 것보다 음악을 통해 반자르 구성원으로서 의무를 다한다. 가끔씩 자리에 앉아서 청동으로 만든 징과 비슷한 공gong을 두드리면서 음악의 처음과 끝을 장식하는 큰 소리를 울린다. 또한 실로폰과 비슷한 모양을 가진 샤론saron을 두드리면서 전체 음악의 음을 만들어 낸다.

하지만 뉴꾸닝 마을에서 가믈란의 역할은 무엇보다 신과 조상신에게 공희供犠로 봉납될 그봉안 행렬이 있을 때 음악으로 악령을 제압하고 영적인 힘을 제공하기 위함이다. 따라서 악단의 선두에 북, 큰 심벌즈 그리고 다양한 크기의 공이 두 줄로 서서 그봉안 행렬 뒤를 따른다.

뉴꾸닝 마을의 동쪽에 위치한 달름 뉴꾸닝 사원의 오달란은 총 3일간 진행되었다. 마을 오달란이기에 직장에서 특별하게 중요한 일이 있는 게 아니면 마을 사람 대부분은 휴가를 내고 오달란에 참여한다. 행사 이틀 전부터 남성은 사원 주위를 청소하고 사원 건물에 노란 천을 두른다. 전날에는 그봉안을 만들기 위해, 즉 행사에 쓰일 제물과 주민과 함께 먹을 음식을 마련하기 위해 여성이 모인다. 뿌뚜 역시 남편인 남붕과 함께 새벽시장에 가서 바나나, 사과, 오렌지, 쌀, 닭고기 등을 구매했다. 오달란 의례 준비에 여념이 없는지 뿌뚜는 의례 시작 이틀 전에 시터 일을 멈추었고, 집에서 여러 음식으로 그봉안을 만들었다. 두랑dulang이라는 나무 위에 삶은 닭, 사과, 오렌지, 망고, 코코넛, 빵, 과자를 층층이 쌓고 제일 위층에는 꽃을 장식한다. 작은 바나나 줄기를 중간중간 끼워서 음식이 이동 중에 떨어지지 않게 한다.

뿌뚜와 첫째 딸인 와얀이 함께 그봉안을 만드는 사이에 남붕은 치안 유지를 하는 뻐짤랑 활동을 위해 옷을 갈아입는다. 스코틀랜드의 전통 의상인 킬트처럼 흰색과 검은색 체크무늬가 발목까지 오는 사롱을 입는다. 윗옷은 흰색 셔츠 위에 검은색 조끼를 걸치고, 머리에는 우등udeng이라는 전통 장식물을, 허리춤에는 끄리스 단검을 착용한다.

"음식 준비하고, 집 청소하고, 그봉안 만들고 의례 준비에 바쁜데 또 어디 가?"뿌뚜가 말했다. 뻐짤랑으로 변신한 남붕은 바쁜 듯이 "뻐짤랑 모임이 있어. 모여서 의례나 공연단 순서를 정해야 해."라고 말하고 떠났다. "집 청소 좀 하지. 돈도 안 되는 뻐짤랑 활동은 왜 해서." 뿌뚜가 투덜거린다. 남붕 역시 오달란을 위해서 일하는 호텔에 일주일간 휴가를 냈다. 물론 남붕의 직장이 마을에 있는 작은 호텔이어서 수도와 램프 등을 수리할 때는 뼈짤랑 옷을 입은 채 여러 일을 처리하기는 했다.

오달란 의례의 첫째 날이 밝았다. 햇살이 채 비치기 전인 새벽 5시 30분, 주민들은 전통 의상을 입고 마을의 동쪽으로 길을 나섰다. 주민이 하나둘씩 사원에 도착했고, 사원 앞 공터에 자리를 잡고 신에게 감사의 표시로 기도를 드렸다. 그리고 사원 앞에 서 있던 뼈망꾸가 뿌려준 성수인 띠르따tirta를 받고 비자bija나 위자wija라고 하는 4~6톨의 쌀을 이마에 붙였다. 물론 발리에서 길을 지나갈 때 흐뭇한 향기를 전달해 주는 꽃도 빠지지 않았다. 발리어로 즈뿐jepun, 영어로 프란지파니인 꽃은 귀 옆에 그리고 기도를 올리는 두 손 위에 올라가 있었다.

뉴꾸닝 주민들은 사원 옆의 발레에 마련된 아침 식사를 먹고 일부는 직장이나 학교에 갔다. 하지만 대부분은 다시 사원 앞 넓은 공터로 향했다. 뉴꾸닝 마을 사람이 아닌 다른 마을 주민들이 제법 모여 있었다. 둥그런 원을 만들어 중간에 꽤 넓은 공간이 있고, 그곳에는 세 사람과 두 마리의 닭이 서로를 마주한 채 서 있었다. 사붕안sabungan, 즉 발리의 닭싸움이 마을 오달란 의례의 첫 시작을 알렸다.

기어츠는 1973년 책 『문화의 해석』에서 닭싸움이 발리 문화에서 보여 주는 상징성과 사회적 역학을 논의했다. 이를 통해 'thick description', 즉 '두꺼운 기술'의 필요성을 역설한다. 사회과학자는 대중

발리의 닭싸움, 사눙안

이 좀 더 잘 이해할 수 있도록 관찰 대상자의 물리적 행동과 함께 대상자가 해석한 맥락도 함께 설명할 필요가 있다.

갈색과 검은색 털을 가진 닭 두 마리, 닭 주인들 그리고 심판이 무대 중심에 서 있었다. 이른 아침이었지만, 함께 불법적인 행위를 한다는 유대와 닭싸움 과정에서 나온 피를 통한 정화의례가 혼합되어 뜨거운 열기가 군중에게서 뿜어져 나왔다. 그런 군중 사이에서 두세 명이 발리어로 아마도 도박장에서만 사용하는 은어를 나열하며 돈을 걸었다. 어떤 닭이 이길지 베팅하는 것이다. 인도네시아는 1981년 이후에 공식적으로 도박을 금지했기에 발리의 닭싸움 역시 불법이다. 나보다 앞서 60년 전인 1958년 4월 기어츠 부부도 닭싸움을 관람하다가 불법 행위에 연루되기도 했다.

닭싸움에 돈을 거는 방법은 간단하다. 오른쪽이나 왼쪽 다리에 날이 잔뜩 선 칼날을 달고 있는 두 마리 닭 중에서 어떤 닭이 상대 닭을 정확하게 찌를 것인지 선택하면 된다. 한 경기에 20~30여 명의 사람이 베팅하기에 베팅 비율이 실시간으로 달라지지만, 군중의 열기 속에서 돈을 거는 사람들은 잘 아는 듯했다. 베팅이 끝나자 순간적으로 정적이 흘렀고, 닭이 주인의 손길에 따라 흥분하다가 잠시 진정하기를 반복하더니 심판의 소리에 맞춰 날개를 퍼덕이면서 충돌했다. 일본 만화의 사무라이처럼 단칼에 상대방을 제압하는 장면이 연출되지는 않았다. 그럼에도 적게는 수만 루피아에서 수십만 루피아, 누구에게는 일급 또는 주급이 걸린 도박 현장이 열기로 가득 찼다. 법으로 금지되어 더욱 동질감을 느끼게 하고 스트레스를 풀어 주는 시간이다. 조금은 지루한 격투가 이어지고 땅바닥에 갈색 날개털이 점차 쌓이더니 갈색 닭이 픽 하고 쓰러진다.

경기는 그렇게 끝났다. 승리한 닭의 주인은 의기양양하게 닭의 머리를 쓸어 주더니 다시 쌀가마니 같은 주머니에 넣었다. 쓰러진 닭은 피를 흘린 채 늘어져 있었다. 누군가가 축 늘어져 있는 닭의 두 다리를 잡은 채 관객이 없는 쪽으로 가져갔다. 곧 목을 따서 남은 숨을 거두고 털을 뽑았다. 불과 10여 분 전 칼날을 단 채 소리를 지르던 갈색 닭은 그렇게 마트 냉장고에서 보았던 친숙한 모습으로 바뀌었다. 갈색 닭은 승리의 전유물처럼 검은색 닭 주인에게 전해졌다. 첫 번째 닭싸움이 끝나고 바로 두 번째 닭싸움이 시작되었다. 아침 8시에 시작된 닭싸움은 오전 11시쯤 끝났다.

과거 닭싸움은 마을 주민이 정성스럽게 키운 닭을 가져와 의례가 열리기 전 정화 의례의 하나로 시작되었다. 닭싸움의 관람객 역시 대부분 한마을 사람이었고, 인근의 반자르 주민이 그저 구경 삼아 참가하는 정도였다. 하지만 시간이 흘러 예전과 같이 닭싸움용 닭에게 먹이로 벌레와 소고기를 주고, 사람에게 주는 비타민제까지 먹여서 정성스럽게 닭을 키우는 경우는 거의 없다. 닭과 나를 동일시 여겨 닭싸움을 통해 자신의 용맹함과 강인함을 표현한다는 과거 사회과학자들의 해석이 시대의 변화에 따라 맞지 않게 된 것이다.

뉴꾸닝 마을 그리고 인근 반자르 의례에서 펼쳐진 닭싸움은 정화 의례와 유희의 영역에서 논의되어야 한다. 닭싸움은 마을 사람들이 1년에 몇 차례밖에 할 수 없는 도박의 장이다. 의례가 열리는 반자르를 찾아가서 닭싸움을 개최하는, 즉 경찰의 간섭 없이 관용이 넘치는 도박장을 열어 주는 집단이 생겨났다. 그들은 베팅된 돈의 일부를 수수료로 가져가는 방식으로 이익을 얻는다.

뉴꾸닝 주민은 종일 사원 발레에 머물면서 시간에 맞춰 기도를 드리고 이웃과 이야기를 하면서 사원 주위에 머물러 있다. 저녁이 가까워지자 주민은 다시 집으로 돌아가 저녁을 먹고 간단히 몸을 씻었다. 저녁 6시가 되자 주민은 마을 발레에 다시 모였다. 뻐짤랑 10여 명이 행진하는 길을 만들기 위해 주변을 점차 통제했다. 집의 대문이 열리고 마을 여성들이 정성스럽게 준비한 그봉안을 머리에 이고 발레에 도착했다. 이번 오달란은 누가 아름답게 그리고 높이 그봉안을 쌓았는지 서로 관심 있게 보았고, 지나가던 외국인들도 그 모습이 신기한지 멈춰서 휴대폰 카메라로 장면을 담았다.

발레 앞에서 20명의 여성이 그봉안을 머리에 이고 기념사진 촬영을 했다. 눈치가 없는지 개 한 마리가 계속 사진 프레임 안으로 들어왔지만 다들 개의치 않았다. 20명의 여성, 20개의 그봉안 그리고 한 마리의 개가 달름 뉴꾸닝 사원의 오달란을 기념했다. 사진 촬영이 끝나자 그봉안을 다시 머리에 이고 행진이 시작되고, 그 뒤를 따라 가믈란 악단이, 그 뒤로 마을 주민이 따랐다. 행렬은 어느새 100여 미터에 이르게 되었고, 앞과 뒤, 옆으로 평소 인자한 얼굴로 주민을 대하던 뻐짤랑들이 잔뜩 인상을 쓴 채 행진에 방해되는 일을 만들지 않으려고 했다. 마을 앞 큰길에 들어설 때 뻐짤랑은 왕복 2차로 길을 완전히 막았다. 수십 대의 오토바이와 차량이 정처 없이 행진이 끝나기를 기다리고 있었다. 오토바이 운전자와 창문을 내린 차량 운전자 대부분은 길을 막은 뻐짤랑과 웃으면서 이야기를 나눴다. 그러다가 한 대의 오토바이가 무슨 일인지 막힌 길을 무시하고 행진의 끝에 있는 주민 쪽으로 달려 나갔다. 평소 친분이 있어 우리 아이와 함께 행복한 미소를 띠고 사진을 찍기도 했던 이따 아저씨가 엄청나게 화난 얼굴로 오토바이 운전자를 앞에서 잡아챘다. 다행히 오토바이 사고로 이어지지 않앞고 운전자는 마을 뻐짤랑들에게 순식간에 둘러싸였다. 행진은 아랑 곳하지 않고 사원을 향해 계속 움직였지만, 끝열에서는 발리에서 좀처럼 경험하지 못했던 험악한 분위기가 연출되었다.

물리적인 폭력이 오가지는 않았지만 뻐짤랑은 젊은 오토바이 운전자에게 욕을 했고, 오토바이 키를 뽑아서 멀리 던지려는 시늉을 했다. 이런 상황이 연출되는 동안 행진의 선두는 벌써 마을 사원에 도착했다. 한 사람씩 그봉안을 사원 앞에 나란히 놓았다. 행진의 후미가 사원에 도착하자 30여 분 동안 막혀 있던 2차선 도로가 열렸다. 오토바이와 차량이 밀물처럼 도로를 점령해 나갔다. 사원까지 2킬로미터를 행진이 이어졌고, 밤 7시쯤 오달란 의식이 시작되었다. 기도를 드리는 주민 앞에서 사제인 뻐망꾸가 의식을 시작했다. 뻐망꾸가 주관하는 의식은 앞서 아침에 했던 의식의 반복이었다. 주민에게 성수를 뿌리고 비자를 이마에 붙였다. 주민은 두 손을 모아 하늘에 기도를 드리고 자신의 순서가 되기를 기다렸다.

뻐망꾸가 주관하는 의식은 밤 8시쯤 끝났고, 이후 주민은 다시 발레에 모였다. 첫날은 바롱 공연이 선보여졌다. 공연은 9시쯤 끝났다. 동네 아이들을 위해 스크린이 설치되었고 인도네시아어 더빙이 입혀진 디즈니 만화가 상영되었다. 아이들이 영화를 보는 동안 어른들은 매일 보는 주민끼리 무슨 할 말이 그리 많은지 계속 이야기를 나누었다. 그들 사이에서 이야기를 나누고 싶었지만 발리어를 좀처럼 알아들을 수 없어 마을 아이들과 함께 상영된 만화를 보다가 이윽고 집으로 갔

뻐망꾸가 주도해 진행된 사원 의례

다. 그 시간 뻐망꾸는 사원 안의 제법 높은 탑 꼭대기에 사다리를 타고 올라가서 기도를 올렸다.

오달란 의례의 이튿날과 셋째 날 모두 첫째 날과 비슷한 일정으로 진행되었다. 새벽에 정화 의례가 시작되었고, 오전과 오후 내내 마을 남성은 닭싸움, 꼬쪽안kocokan이라 부르는 주사위 놀이, 흡사 블랙잭 게임과 비슷한 카드놀이를 했다. 정말 이 나라에서 도박이 금지인지 의문이 들었다. 마을 여성은 발레에서 아침, 점심, 저녁을 준비했고, 쉬는 시간에는 계속 이야기를 나누었다. 도박장에 서성거리다가 마을 아주머니들이 식사를 준비하는 장소로 이동했다. 그곳에서 빵과 과

신들의 섬을 걷는 문화인류학자

자, 과일을 얻어먹으면서 즐거운 시간을 보냈다. 그들에게 나는 의례에서 의무적으로 할 일이 없는, 그렇다고 도박에 참여해서도 안 되는 학생 신분인 조카처럼 여겨졌다. "나중에 네가 어른이 되면 할 일이니 어른들 하는 것 잘 보고 배워. 도박하는 것 배우지 말고. 배고프면 주방에 와서 과자나 과일 가져다 먹고. 사원 안으로는 들어가면 안 되는 것 알지?" 동네 주민들은 다들 나에게 이런 방식으로 말하는 것 같았다.

저녁 시간이 다가오자 주민은 다시 마을로 향했고, 샤워하고 식사를 한 후 다시 발레에 모였다. 뻐짤랑은 행진길을 만들고 가믈란 연주단은 흥을 돋우는 연주를 시작했다. 어제 마을 서쪽 지역의 여성이 그봉안 행진을 했다면, 오늘은 북쪽 지역 주민이 그봉안 행진을 할 순서였다. 주민들은 발레에 모여 사진을 찍고 사원을 향해 행진을 시작했다. 다행히 어제와 같은 돌발상황 없이 행진이 순조롭게 마무리되었다. 뻐망꾸의 정화 의례가 이어졌다. 이튿날 공연은 마을의 여자아이들이 한 달간 준비한 레공 공연이었다. 공연이 끝나자 부모와 주민은 아이들에게 연신 칭찬을 남겼고, 아이들은 감격스럽고 기쁜 마음을 드러냈다. 그러곤 얼굴에 화장을 한 채 스크린에 상영된 티브이 개그 프로그램을 보았다.

오달란 의례의 셋째 날 역시 비슷한 일정이 이어졌다. 닭싸움을 열었던 정체 모를 사람들은 다른 마을로 갔는지 오지 않았고 마을 남성은 조금은 심심한 얼굴로 대화를 이어 나갔다. 오후 6시 마을 동쪽과

오달란 의례를 위해 사원으로 향하는 주민들

남쪽 지역 여성이 그봉안을 머리에 이고 행진을 했고, 오달란 의례가 7시에 시작되었다. 조상신을 다시 천상 세계로 보내는 뼈망꾸의 기도가 이어졌다. 정화 의례와 기도가 끝난 주민은 발레 인근에 모여 바인 다두bain dadu라는 주사위 놀이를 하거나 이웃 사람들과 담소를 나누었다. 그 시간 뼈망꾸는 기도 의식을 이어 가고 있었다.

마지막 날 공연은 뉴꾸닝 마을이 자랑하는 나이 든 여성들의 공연이었다. 그녀들은 익살스러운 표정을 짓고 몸동작을 하면서 춤을 추었다. 다들 자지러지면서 웃고, 음식을 먹고, 이웃과 이야기하는 시간이 흘러갔다. 뼈망꾸는 밤새 기도 의식을 진행했다. 다음 날 해돋이 시간이 되어서야 3일간, 마을에서 자신의 역할에 따라 길게는 한 달을 준비했던 오달란 의례가 끝났다. 다시 210일, 대략 7개월 뒤 달름 뉴꾸닝 사원의 오달란 의례가 주민들을 기다리고 있었다.

물론 오달란 의례가 뉴꾸닝 주민이 치러야 하는 의례의 끝은 아니다. 오달란 의례가 끝나면 또 다른 의례를 준비하고, 의례를 실천하고, 다시 일상이 반복된다. 즉, 발리인에게 세속적 일상은 삶의 중심이 아니다. 의례 자체가 삶을 지배한다. 일상은 단지 의례를 실천하기 위한 수단일 뿐이다. 더욱이 의례는 개인과 개인, 개인과 가족, 가족과 마을 공동체 관계로 상호 밀접하게 연결된다. 개인이 속한 가족 사원 오달란 의례가 있고, 발리의 달력인 사카력을 기준으로 새로운 해의 시작인 네삐 데이도 있다. 또한 반자르의 형편에 따라 조금씩 시기는 다르지만 마을 장례식과 성인식 의례가 마을 사원 오달란 의례 사이에 이어진다. 따라서 반자르 주민에게 의례 실천은 단순히 정화와 기복의 의미를 넘어 일상을 지배하는 생활이다.

발리인의 종교적 믿음에 대한 국가의 공식적 승인이 이루어졌던 1980년대, 힌두위원회가 설립되었고 의례 관련 규칙이 제정되었다. 이후 여러 가지 의례 방식과 규칙에 가이드 라인이 정해졌고 주민들은 가급적 이를 따르려고 한다. 의례가 일정한 형식으로 진행되니 반자르 간의 차이점은 조금씩 사라졌다. 의례 절차의 간소화가 이루어졌고, 한편으로 관광객에게는 '이벤트성' 행사로 여겨지기도 한다. 당연히 반자르 공동체는 의례를 진행하며 이를 가족과 반자르 구성원이라는 집단의 정체성을 재확인하는 수단으로 활용한다.

19

Bali, Indonesia

보름 동안
이어지는
장례식과
성인식

평소와 같지만, 또한 평소와 다르게 수백 명의 군중이 우붓 왕궁 앞 도로를 가득 채웠다. 평소 관광객으로 붐비는 우붓 왕궁과 인근 예술 시장이지만, 오늘은 긴 천을 허리에 두른 사람들로 북적였다. 발리 전통 의상인 까인 빤장kain panjang을 착용한 발리인들이었다.

흔히 왕이 거주했거나 현재 거주 중인 공간들이 주는 위상과 달리 우붓 왕궁은 반전을 가졌다. 압도적인 위용과는 거리가 멀다. 어쩌면 우붓에 위치한 5성급 리조트 시설보다 화려하지 않고 작은 건물이 옹기종기 모여 있다. 그렇다고 우붓 왕가가 과거 발리의 8개 소왕국처럼 현대에 들어서면서 패망의 길로 들어선 것도 아니다. 정치적인 권한은 없지만, 후손들의 뛰어난 사업 수단으로 발리에서 손꼽는 자산을 보유한 집안이다. 우붓이 현재의 위치에 이르게 한 여러 문화예술 활동에 비해 조촐한 건물은 그들의 겸손한 절제 의식을 내세운다.

하지만 오늘은 꽤 질 좋은 원단으로 만든 까인 빤장을 입은 수백 명

바데

이 모였다. 장례식 때문이다. 나무로 틀을 짠 후 대나무와 형형색색의 꽃으로 장식한 상여인 바데bade가 왕궁 옆 공터에 25미터의 웅장한 높이로 치솟아 있다. 그 앞에는 금방이라도 바데를 끌 것 같은 나무로 만들어진 검은색 버팔로인 렘부lembu가 7미터 높이의 위용을 자랑한다. 바데의 중간쯤 대지의 수호신인 보마boma의 머리 형상이 위협적인 얼굴로 전방을 주시하고, 양측으로 거대하고 화려한 날개가 하늘로 펼쳐져 있다. 망자의 시신은 보마 위쪽에 위치하며, 힌두교 사상에서 세상의 중심이라는 메루 산을 상징하는 9층 탑이 망자의 위상을 표방하듯 높게 솟구쳐 있다.

소문은 계속 들려왔다. 우붓 왕족, 즉 수까와띠 왕가의 여성이 싱가포르에서 돌아가셨다는 것이다. 소문은 사실로 밝혀졌고, 얼마 지나지 않아 공식화되었다. 시신은 우붓 왕궁으로 이튿날 옮겨졌고 뻐레본pelebon 또는 응아벤ngaben이라 부르는 화장 의례 날짜가 의례를 주관할 뻐단다pedanda에 의해 결정되었다. 왕가의 가족이 아니면 참석할 수 없는 여러 장례 의례가 망자가 사망 뒤 대략 15일간 진행되었다. 의례의 절정은 망자의 시신을 화장해 천상의 세계로 올려 보내는 것이지만, 그 이전 단계에서 죽음에 의해 부정해진 영혼을 정화하는 의례가 진행된다.

뻐단다는 이 과정에서 의례 전반을 통솔한다. 화장 날짜를 잡고 바데, 렘부 그리고 제물인 브반튼난bebantenan 등을 준비한다. 물론 왕가의 장례식이기에 바데, 렘부, 브반튼난의 규모가 상당하고 대체로 여

러 반자르의 협조가 필수다. 망자의 시신은 왕궁의 그동gedong에 안치되어 있지만, 망자의 영혼은 가족 사원과 마을 사원에서 뻐단다에 의해 정화 의식을 받는다. 바데가 준비되면 망자의 시신은 그동에서 바데로 옮겨진다. 우붓에 위치한 짬뿌한 계곡에서 가져온 성수가 정화 의례에 사용된다.

화장 의례의 날이 밝았다. 우붓 왕궁의 간소한 건물과 극단적으로 대비되는 화려한 바데, 렘부, 브반튼난이 왕궁의 서쪽 공터를 가득 메웠다. 반자르에서 진행한 다양한 의례에서는 가믈란 악단이 악기를 한두 개 줄이거나 연주자를 줄이는 식으로 유연함을 보이곤 했

뻐단다의 정화 의례

다. 하지만 왕가의 장례식에 참여한 가믈란 악단은 자카르타에 있는
2,000석 규모의 찌푸뜨라 아트프레너Ciputra Artpreneur 공연장에서 발
리 예술제를 펼칠 수 있을 만큼의 규모였다.

우붓 왕궁 서쪽 공터에는 가믈란 음악이 배경음으로 깔리고, 수백
명 어쩌면 수천 명의 장례식 관계자와 관람객이 혼재되어 의식이 진
행되었다. 뻐단다 주도로 1시간쯤 의례가 진행된 후 수십 명이 렘부와
바데를 들어 우붓의 중심 도로인 잘란 라야 우붓Jl.Raya Ubud으로 나아
갔다. 뒤를 이어서 왕가의 가족과 친인척 그리고 지인이 망자의 마지

막 길을 함께했다. 가믈란 악단이 길을 나서면서 라야 우붓 거리가 음악과 군중의 소음으로 가득 찼다. 행렬의 선두와 끝 그리고 중간에는 질서를 잡는 뼈짤랑의 모습도 어김없이 보였다.

렘부와 바데의 행렬은 그렇게 우붓의 동쪽 플리아딴 사원Pura Daelm Puri Peliantan에 도착했다. 사원 공토에 이르자 바데에서 하얀 천으로 둘러싸인 시신이 내려져 렘부로 옮겨졌다. 뼈단다의 정화 의례가 계속 진행되고, 시신이 있는 렘부와 바데 등 의례 관련된 물품이 태워졌다. 남은 뼈와 재는 코코넛 열매에 담아서 사제에게 전달되었다. 사후 세계에서 망자의 안식과 축복을 기원하는 사제의 의례가 계속되었다. 아침 10시에 시작한 화장 의례는 오후 3시가 다 되어서야 대단원의 막을 내렸다. 우붓 왕가에게 59살의 나이로 허무하게 간 망자의 죽음은 큰 슬픔일 것이다. 하지만 여행객에게 왕가의 장례식은 의도와 다르게 꽤 규모 있는 한 편의 연극같이 보인다. 웅장한 무대장치와 군무, 서정적인 가믈란 음악, 화려하고 다채로운 전통 의상을 입은 출연진의 행렬이 3킬로미터에 이르는 거리에서 펼쳐진 것이다.

내세를 믿는 발리인에게 화장 의례는 망자의 영혼을 정화해 다음 여정으로 보내는 과정이다. 따라서 가족과 지인에게 슬픔과 비통함이 남아 있지만, 그들의 표정과 장례식 풍경은 우붓에서 벌어지는 여느 축제와 같다. 웃음소리와 흥겨운 대화가 거리에 가득했다. 코코넛 열매에 담은 망자의 뼈와 재는 발리 동쪽 사누르의 마따하리 떠르빗 Matahari Terbit 해안의 바닷물에 씻겨 나갔다.

왕가의 일원인 망자가 천상계로 올라가고 다시 태어나기 위한 화장 의례는 사망 이후 단 보름밖에 걸리지 않았다. 반면 보름간의 정화와 화장 의례를 위해 사용된 금액이 20억 루피아라는 소문이 돌기도 했다. 보름간 동원한 수백 명의 인건비와 식비, 바데와 렘부의 제작비 등 한 사람의 죽음과 의례 진행에 일반인은 상상할 수 없는 금액이 소요된 것이다.

그렇다면 일반인의 죽음 그리고 화장 의례는 어떻게 진행될까? 뉴꾸닝 마을을 조사하던 중 3년에서 5년마다 한 차례 진행되는 마을 장례식과 성인식 의례에 운 좋게 참여할 수 있었다. 장례식과 성인식은 반자르에서 진행되는 다양한 의례 중 비용이 가장 많이 소요된다. 앞서 왕가의 장례식에 20억 루피아가 들었다는 소문이 돌았다면, 10일 동안 진행된 뉴꾸닝 마을 장례식과 성인식에는 대략 2.3억 루피아 전후의 금액이 지출되었다. 뉴꾸닝 마을 장례식의 정식 명칭은 응아벤 데사 뻐끄라만 뉴꾸닝Ngaben Desa Pekraman Nyuh Kuning으로 크게 시신 수습과 정화 의례 등 장례 준비, 화장 의례, 성인식 의례의 일부인 마따따matatah 순으로 진행된다.

발리인은 인간의 몸은 신체, 정신, 영혼으로 구성된다고 믿는다. 발리인에게 화장 절차는 재로 변한 몸이 다시 땅으로 되돌아가고 죽음에 이르게 한 악한 기운을 정화하는 과정이다. 따라서 사람이 죽으면 악한 기운이 있는 바다 방향, 뉴꾸닝 마을의 경우 마을 동쪽 끝에 있는 달름 사원 앞 묘지에 임시 매장을 한다. 매장된 시신이 어느 정도 모이

뉴꾸닝 마을 장례식

면 마을 사제가 정한 특정한 날짜에 화장 의례를 진행한다. 마을 장례
는 화장 의례 당일에서 일주일 전부터 준비한다. 달름 사원을 청소하
고, 사원에 위치한 발레에 망자를 위한 제단을 설치하며, 노란색과 흰
색 천으로 사원 건물을 장식한다. 제단이 준비되면 의례 이틀 전부터
망자의 사진과 유품이 하나둘씩 제단에 놓인다.

　유족들은 뼈망꾸를 초청해 각자의 집에서 정화 의례를 진행한다.
마을의 수장인 끌리안과 브데사는 화장 의례의 공동 책임자 역할을
한다. 뉴꾸닝 마을 같은 작은 마을은 소의 모양을 한 렘부를 제작하지
만, 우붓 왕족처럼 나무와 대나무로 짠 바데는 따로 제작하지 않았다.

화장 의례 전날 마을 주민은 달름 사원에 모여서 죽은 영혼을 부르는 의식인 뼁우땅안pengutangan을 진행한다.

권위 있는 뻐단다가 몇 달 전부터 망자들의 영혼을 달래 날을 선택했지만, 아쉽게도 화장 의례 당일 새벽부터 비가 추적추적 내렸다. 힌두교 사제인 뻐단다는 힌두교의 네 가지 사회 계급 중 가장 높은 지위를 부여받은 브라민brahmin 계급으로 발리섬에 200명만 있다. 마을 장례와 성인식 의례는 반드시 뻐단다가 진행해야 하기에 이들을 초청하는 것이 끌리안과 브데사의 중요한 업무이기도 하다.

망자의 가족들은 준비한 제물을 머리에 이고 달름 사원으로 향했다. 이른 아침 가매장된 시신, 뼈, 옷, 제물, 장신구 등을 잘 추슬러 렘부 안으로 넣었다. 화장 의례는 정오에 진행할 예정이었으나 오전 내내 비가 내려 오후 2시가 되어서야 본격적인 화장 의례가 진행되었다. 뻐단다가 의례 주관자로 나서고 마을의 뼈망꾸 여러 명이 함께 정화 의례를 진행했다. 뻐단다가 죽은 이의 가족을 부르자, 가족들은 망자의 사진과 제물을 들고 렘부 주위를 돌았다. 길게는 죽은 지 3년이 지난 망자부터 6개월 전에 죽은 망자도 있었다.

마을 브데사와 뼈짤랑이 가스통과 연결된 토치를 들고 렘부 위로 올라갔다. 렘부는 오전 내내 비를 맞아서인지 불이 잘 붙지 않았지만 몇 분간의 사투 끝에 빨간 불꽃이 일어났다. 생전 망자가 가진 아픔과 슬픔을 없애는 것처럼 불꽃이 활활 타올랐다. 이를 가족과 마을 주민이 바라보며, 길었던 화장 의례가 점차 끝나 갔다. 1시간여 동안 불길은 렘부와 구조물, 10여 구의 시신을 태우고 꺼졌다. 검은 재가 수북하게 쌓였다. 뻐짤랑이 코코넛을 가져왔고, 날카로운 칼로 열매를 잘랐다. 뻐단다가 코코넛 열매에서 나온 물을 흩날리고 이윽고 속이 빈 껍질에 재를 담아서 가족에게 전달했다.

화장 의례가 끝나고 3일 후 같은 장소에서 성인식 의례가 진행될 예정이었다. 주민들이 화장 의례에서 사용한 제단을 빠르게 철거했고, 하얀 천으로 싼 10개의 간이침대가 달름 사원에 놓였다. 성인식 의례는 변성기가 시작된 소년과 월경이 시작된 소녀가 참여할 수 있다. 하지만 비용 문제로 십 대 중후반의 아이들이 함께 성인식 의례에 참석한다. 발리인의 성인식 의례의 핵심은 머상기mesangih라는 이 갈기 연행이다. 상깅sangging이라 부르는 브라민 계급의 사제가 머상기를 진행한다. 발리 전통에 따르며 날카롭게 튀어나온 송곳니는 인간의 동물적 본능을 의미한다. 동물적 본능을 상징하는 송곳니를 갈아 줌으로써 본능적 행위에서 벗어나 성인이 된다.

성인식은 십 대 청소년이 있는 일부 가족의 의례이지만, 이 갈기 연행을 위해 뻐단다를 초청하고 일정한 비용을 지불해야 하기에 결국 반자르 단위에서 의례가 진행된다. 성인식 의례가 진행되기 전날 20살과 18살의 아이를 둔 꺼시르에게 의례를 보고 싶다 청했고, 꺼시르는 흔쾌히 아이들의 이 갈기 연행에 가족 일원으로 참석해도 된다 허락했다. 이 갈기 연행이 있는 새벽 5시 꺼시르 집에 방문했다. 아이들은 내가 도착하기 1시간 전인 4시부터 전통 의상을 입고 머리 손질을 했다. 간단하게 아침을 먹고 새벽 6시, 가족 사원에 기도를 드린 후 달름 사원으로 출발했다.

달름 사원의 공터는 수십 명의 아이와 부모, 마을 주민으로 가득했다. 달름 사원에 도착한 꺼시르 가족은 마을 사원에 기도를 드렸다. 이후 꺼시르의 두 아이는 마을 친구들이 앉아 있는 곳으로 가서 순서를 기다렸다. 한 줄에 10여 명씩, 80여 명의 아이가 성인식 의례에 참여했다. 첫 번째 줄이 호명되자 이윽고 아이들은 상기되고 조금 겁도 난 표정으로 나란히 설치된 간이침대에 누웠다. 꺼시르의 첫째 아이 옆에는 꺼시르가, 둘째 옆에는 남편인 이뎁이 섰다. 사제가 윗송곳니를 갈기 시작했고, 얼마 지나지 않아 아이 입에서 피가 났다.

현대에 들어서 송곳니를 가는 행위가 상징적인 차원에서 이루어진다는 글을 본 적은 있지만, 실제로는 제법 날카로운 줄, 작은 망치, 조각 도구로 '6개의 송곳니'가 부드럽게 갈린다. 송곳니를 가는 의례는 인간의 여섯 가지 부정적 특성인 욕망, 탐욕, 분노, 광기, 혼돈, 어리석음을 없애려는 상징적인 행위다. 비록 인간은 송곳니가 4개만 있지만 발리인은 상징적 차원에서 6개의 송곳니를 간다고 표현한다. 뉴꾸닝 마을 아이들은 아픔과 인고의 시간을 견뎌 내면서 성인의 세계로 진입했다. 부모 역시 자식이 성인이 되기 전 반드시 해야 하는 마지막 의무를 수행했다.

화장 의례부터 성인식 의례까지 대략 10여 일이 걸렸다. 주민들은 온전히 마을 의례에 자신의 시간과 노동력을 제공하고 상당한 금액을 지불했다. 망자의 가족, 성인식 의례에 참여한 아이의 부모 등 직접적인 참가자가 아니더라도 직장을 쉬거나 근무 시간을 조정해 의례에 참여했다. 의례가 진행되었던 달름 사원의 한쪽 게시판에는 기부금과 쌀, 돼지, 닭, 도시락 등 현물을 제공한 주민의 명단이 게시되었다.

이들이 의례 진행에 이토록 적극적이고 진심을 다하는 이유가 무엇인지, 나는 답을 위해 찾기 노력했다. 마을 행사에 적극적으로 참여하지 않고 인심을 얻지 못한 주민에 대한 제약과 처벌은 의례 참여의 배제와 관련된다. 성인식, 결혼식, 장례식, 오달란에 참여 대상이 되지 못함은 당연하며, 심각한 경우 반자르 구성원에서 제명된다. 수많은 연구와 문헌에서 반자르 구성원으로서 역할에 대한 논의가 있었으며, 나 역시 조사 과정에서 이 점을 명확히 인식하면서 조사를 진행했다.

## 에필로그  발리에서 마주한 성장의 기록

매년 11월부터 이듬해 4월까지 발리에 우기가 되면 열대의 태양과 퍼붓는 비가 교차한다. 건기에 발리 사람들은 관현악에서 가장 높은 음을 내는 바이올린처럼 당당하면서 활기차게 행동한다. 그에 반해 우기 때의 발리 사람들은 관현악에서 중간 음역을 담당하는 비올라의 선율처럼 건기의 활기참과 조금은 다르게 행동한다. 우기의 한낮에는 대지에 있는 사람과 사물을 전부 휩쓸 것 같은 강한 바람이 불고 폭우가 쏟아진다. 사람들은 갈대와 야자로 만든 지붕 아래에서 잠깐의 여유를 부린다. 스콜은 금세 사라지고 다시 맑은 하늘이 나타난다. 유독 뜨거운 열대의 태양이 대지를 달구다 한계점에 다다를 때쯤 스콜이 쏟아지는 것처럼, 우기의 발리인은 삶의 균형을 찾기라도 하듯이 쉼과 활동을 반복한다.

20세기 초, 유럽 문화가 전파되고 이것이 발리 전통과 절묘하게 조화되면서 만들어진 발리 예술에 서구인은 환호했다. 이후 제트여객기가 도입된 1960년대 해외 관광 수요는 그야말로 폭발했다. 미국과 유럽의 관광객은 이국적인 문화와 풍요로운 자연환경을 즐기기 위해 아시아, 특히 동남아시아로 향했다. 대형 제트기를 보유한 여러 항공사가 경쟁적으로 관광객을 발리로 실어 날랐다. 대중 관광의 시대가 열린 것이다.

발리 주정부는 관광이 가져올 폐해를 예상이라도 한 듯이, 1972년 발리 관광의 방향을 문화 관광으로 제시했다. 남태평양에 떠 있는 '파라다이스 발리'가 아닌 역사와 예술이 살아 숨 쉬는 '문화 발리'를 지향한다. 발리인은 뜨리 히따 까라나, 즉 번영의 세 가지 이유로 해석되는 전통 철학을 삶의 지침으로 곱씹는다. 신과의 조화, 사람들 간의 조화, 자연과 환경과의 조화의 필요성을 제시하며, 이를 위해 일상의 삶, 공동체의 협력, 건축의 공간 구성에 이르기까지 생활의 여러 측면에서 균형을 유지하려고 노력한다.

나 역시 발리에서 삶의 균형을 유지하면서 하나의 우주를 이루는 반자르에 관한 연구를 했다. 영화와 소설의 배경이 되기도 한 만큼 발리 그리고 우붓은 대중에게 잘 알려진 관광지다. 예상치 못한 연구지 변경, 출산과 양육의 문제가 있었지만 가족과 함께 그리고 다시 혼자서 발리에서 조사를 끝낼 수 있었다. 박사 학위 논문을 위한 현지 조사라는 거창한 목적과 달리 발리 중남부에 위치한 작은 마을에서 그저 적응하고 살아가는 것이 더욱 중요했다. 어쩌면 인류학자의 현지 조사는 또 다른 우주에서 무리 없이 살았던 것에 대한 부수적인 보상인 것 같다.

신들의 섬 발리를 걷는 인류학자가 되기 위해 마을 의례에 직접 참여하고 주민을 관찰하면서 공동체의 사회문화적 행위에 집중했다. 신뢰와 사회적 평판, 잘사는 마을의 의미, 전통의 활용과 재인식이 주민의 행위를 이해하는 주요 실마리였다. 박사 학위 논문이라는 목표를 위해 꽤 긴 시간을 인도네시아 발리주 기안야르군 우붓읍 뉴꾸닝 마을에서 살았다. 누구도 강요하지 않고 스스로 선택한 공간과 시간이었다.

뉴꾸닝 마을 주민처럼 삶의 균형을 유지한 채 즐겁고 활기찬 시간을 보내려고 노력했지만, 30대 초반의 박사 과정 학생이 처한 현실의 무게는 만만치 않았다. 특히 한 번의 시험으로 결정된 대학 입학 이후 다른 연구자와 조금은 다른 길을 걷고 있었다. 학부, 석사, 박사까지 지방의 국립대학을 나온 후 어떤 학문 분야의 전문가로 살아가는 건 항상 무언가를 계속해서 증명해야 하는 시간이었다. 여러 해가 걸린 현지 조사 끝에 나온 논문보다, 논문 표지에 있는 대학 이름이 사람들의 눈에 먼저 보이지는 않을까 신경을 쓰는 스스로를 발견했다.

현지 조사를 하고 논문을 작성하는 시간 동안 절망감, 우울감, 두려움이 알게 모르게 몸과 머릿속에 스며들었고, 선택이 잘못되지 않았는지, 너무 어리석은 선택은 아닌지에 대한 회의감도 들었다. 그렇다고 시간을 되돌릴 수도 없었다. 학부 졸업 이후 대학원을 선택하던 때로 되돌아간다면 아마도 같은 선택을 했을 것이다. 모교에서 문화인류학을 전공하지 않았다면 전혀 새로운 주제와 지역으로 학위 논문을 마무리하지는 않았을까? 더하여 그 주제와 지역은 매력적이었을까?

적도의 햇살이 주는 따뜻함, 늘 힘찬 응원의 말을 건네는 아내, 두 눈을 깜빡이면서 웃는 아들 그리고 뉴꾸닝 주민들의 따뜻한 배려와 보살핌은 내 마음속에 쌓여 있는 회의적인 생각을 조금씩 걷어내 주었다. 졸업 이후 나오는 전혀 다른 배움의 환경에서 성장했던 연구자와 교류했다. 또한 논문과 책을 쓰고 각종 회의가 이어졌다. 대학원 수업, 현지 조사, 학위논문을 거치며 10여 년을 연구자로서 살아 왔다. 그런 시간 속에 2년여의 현지 조사는 연구뿐만 아니라 삶을 대하는 태도에도 영향을 미쳤다. 삶은 어렵지만, 그래도 힘든 시간과 행복한 시간이 교차한다. 중요한 건 내가 어떤 삶을 살아 왔고, 지나온 여정을 어떻게 받아들이는지다. 이것이 현재를 살아가는 힘이 되는 것은 아닐까.

다른 사회과학자와 달리 인류학자는 현지 조사지에서 오랜 기간 머물면서, 든든한 두 발을 움직이고 현지어를 공부하며 연구를 한다. 그 한 걸음, 한 걸음이 온몸의 근육을 경직시키고, 조금은 서툰 현지어 때문에 문화적 오해를 낳기도 한다. 하지만 뉴꾸닝 마을 주민들과 만나고 같은 공간과 시간 속에서 함께 살아가면서 겪는 강렬함과 친밀감은 인류학이 가진 학문적 매력을 더욱 키웠다.

박사 학위를 받은 후 여전히 학교 울타리에 있지만 학생이 아닌 직장인과 사회인이 되었다. 언제쯤 긴 호흡으로 다시 현지 조사를 할 수 있을지 짐작할 수 없다. 또한 꽤 멋진 이름인 노란 코코넛 마을, 그리고 더욱 괜찮은 주민을 만난 것처럼 이런 행운이 다시 올지도 모르겠다. 인류학도는 남태평양에 떠 있는 작은 섬에서 제법 긴 한여름 밤의 꿈을 보냈다. 달콤한 꿈에서 깨어난 후 씁쓸한 현실을 마주하면서 한 명의 인류학자가 되었다.

# 미주

1  루스 베네딕트,『문화의 패턴』, 이종인 옮김, 연암서가, 2008, p.336

2  클리퍼드 기어츠,『극장국가 느가라: 19세기 발리의 정치체제를 통해서 본
   권력의 본질』, 김용진 옮김, 눌민, 2017

3  이 부분은『노란 코코넛 마을』(정정훈, 서울대학교출판문화원, 2022)의 p.162
   부터 p.174의 요약이다.

4  정정훈,『노란 코코넛 마을』, 서울대학교출판문화원, 2022, p.219

# 신들의 섬을 걷는 문화인류학자

**초판 1쇄 인쇄** 2025년 2월 17일
**초판 1쇄 발행** 2025년 2월 25일

**지은이** 정정훈
**발행인** 박효상
**편집장** 김현
**기획 · 편집** 장경희, 오혜순, 이한경, 박지행
**디자인** 임정현
**마케팅** 이태호, 이전희
**관리** 김태옥

**편집 · 진행** 이한경
**표지 · 본문 디자인** 페이퍼컷 장상호

**종이** 월드페이퍼 **인쇄 · 제본** 예림인쇄 · 바인딩 | **출판등록** 제10-1835호
**펴낸 곳** 사람in | **주소** 04034 서울시 마포구 양화로11길 14-10(서교동) 3F
**전화** 02) 338-3555(代) **팩스** 02) 338-3545 | **E-mail** saramin@netsgo.com
Website www.saramin.com

ISBN 979-11-7101-141-4 03300

**우아한 지적만보, 기민한 실사구시 사람in**